Semeurs d'avenir

Alors que des voix s'élèvent, de plus en plus nombreuses et fortes, pour dénoncer les « scandales » de notre temps et mettre en lumière les traits essentiels d'un système mondial qui semble structurellement générateur de schizophrénie, d'injustices et de peur collective face aux catastrophes annoncées, bien peu audibles et visibles semblent celles et ceux qui, à travers le monde, dépassent la dénonciation – quelles qu'en soient la justesse et la profondeur – pour dessiner concrètement les chemins susceptibles de conduire l'humanité vers un monde plus juste, plus libre, plus vivable.

Pourtant, dans tous les champs de l'exploration humaine, de tels « semeurs d'avenir » existent ; leurs réflexions et/ou leurs entreprises constituent autant de raisons d'espérer et d'agir. Cette collection a vocation à leur offrir l'espace d'une parole libre, inventive et féconde – en un mot prophétique –, dans le souci constant de la clarté du propos (être accessible à tous, alimenter une entreprise plus que jamais nécessaire d'éducation populaire) et de la rigueur de la pensée (laisser la place qui lui revient à la complexité du monde et des défis qu'il porte).

Bref, cette collection s'assigne la mission ambitieuse mais nécessaire de faire résonner/raisonner les « bonnes nouvelles » partout où elles existent, dans le sillage d'une autre bonne nouvelle, évangélique celle-là, qui inspire *Temps Présent* depuis sa fondation.

Karim Mahmoud-Vintam

CROIRE QUAND MÊME

Du même auteur

L'Évangile de la résurrection, Bayard, Paris, 2008.

Dieu qui vient à l'homme II. De l'apparition à la naissance de Dieu – 2. Naissance, Éditions du Cerf, 2007.

Dieu qui vient à l'homme II. De l'apparition à la naissance de Dieu – 1. Apparition, Éditions du Cerf, 2005.

La rémission des péchés, Desclée de Brouwer, Paris, 2004.

Dieu qui vient à l'homme I. Du deuil au dévoilement de Dieu, Éditions du Cerf, Paris, 2002.

Les trois visiteurs : entretien sur la Trinité, propos recueillis par Marc Leboucher, Desclée de Brouwer, Paris, 2002.

La plus belle histoire de Dieu. Qui est le dieu de la Bible ?, avec Jean Bottéro et Marc-Alain Ouaknin, Le Seuil, Paris, 1997.

Les Conciles œcuméniques : les Décrets, II-2. De Trente à Vatican II (direction), Éditions du Cerf, Paris, 1994.

L'homme qui venait de Dieu, Éditions du Cerf, Paris, 1993.

La transmission de la foi, Fayard, Paris, 1976.

Le devenir chrétien, Desclée de Brouwer, Paris, 1973.

Théologie trinitaire de Tertullien, Aubier-Montaigne, Paris, 4 vol., 1966-1969.

Joseph Moingt, s.j.

CROIRE QUAND MÊME

Libres entretiens sur le présent et le futur du catholicisme

Entretiens menés par Karim Mahmoud-Vintam
en collaboration avec Lucienne Gouguenheim

TempsPrésent

TempsPrésent
68, rue de Babylone, 75007 Paris
www.temps-present.fr

ISBN 978-2-916842-10-3

AVERTISSEMENT DE L'ÉDITEUR

« Il y a dans le monde deux sortes de grandeurs ; car il y a des grandeurs d'établissement et des grandeurs naturelles ». C'est ainsi que Pascal[1] distinguait deux types d'« autorités » dans le monde : les premières dépendent de la situation ou de la fonction occupée, bref des conventions – ce que Pascal appelait aussi la « fantaisie » des hommes – quand les autres consistent « dans des qualités réelles de l'âme ou du corps ». Aux premières nous devons un respect d'établissement – la déférence ou les signes extérieurs de respect dus à celles et ceux qui incarnent telle ou telle fonction, tel ou tel ordre ; aux secondes, nous devons ou plutôt offrons spontanément notre estime : « Il n'est pas nécessaire, parce que vous êtes duc, que je vous estime ; mais il est nécessaire que je vous salue. Si vous êtes duc et honnête homme, je rendrai ce que je dois à l'une et à l'autre de ces qualités. Je ne vous refuserai point les cérémonies que mérite votre qualité de duc, ni l'estime que mérite celle d'honnête homme. Mais si vous étiez duc sans être honnête homme, je vous ferais encore justice ; car en

1. Pascal, *Second discours sur la condition des Grands*, Bibliothèque de la Pléiade, pp. 618-619.

vous rendant les devoirs extérieurs que l'ordre des hommes a attachés à votre naissance, je ne manquerais pas d'avoir pour vous le mépris intérieur que mériterait la bassesse de votre esprit ».

Inutile de préciser que Joseph Moingt a notre pleine et entière estime ; non pas tant parce qu'il a occupé pendant près de 30 ans la prestigieuse fonction de rédacteur en chef de la non moins prestigieuse revue *Recherches de Science Religieuse* ; non pas tant parce qu'il est considéré dans le monde chrétien comme l'un des plus grands théologiens catholiques vivants – même si ces dimensions ne peuvent évidemment pas être étrangères au choix d'un éditeur. Joseph Moingt a notre estime avant tout parce qu'à 95 ans, il incarne à nos yeux la jeunesse et la liberté de l'Église ; que son parcours comme son œuvre témoignent d'une honnêteté et d'un souci de vérité qui n'ont jamais – jamais – été démentis ; que son exigence de rendre raison de sa foi l'ont toujours préservé de la servilité comme de la complaisance...

Inutile également de préciser que mener un entretien face à un tel « monument » – terme qu'il récuserait sans doute – n'est pas chose aisée ; l'exercice se révèle même à certains égards effrayant ! C'est ici sans doute qu'il convient de préciser l'ambition d'une telle entreprise et du livre qui en est né. Ce livre, évidemment, n'est aucunement un livre de théologie tel que Joseph Moingt a pu en écrire tant, jusqu'au monumental *Dieu qui vient à l'homme* publié aux éditions du Cerf – et cela pour deux raisons.

La première parce que Lucienne Gouguenheim et moi-même, qui avons mené ces entretiens, ne sommes pas théologiens, et que nous ne serions pas en mesure de mener un entretien sur ce terrain ; pourquoi alors ne pas avoir fait appel à un spécialiste des questions débattues ? C'est là qu'intervient la seconde raison, à la vérité la plus importante et plus décisive.

L'ambition du présent ouvrage est de faire découvrir *de façon accessible* au plus grand nombre – chrétiens ou non, croyants ou non – la richesse d'une pensée complexe, nuancée sans être « jésuitique », assurée sans être jamais péremptoire, une pensée qui a de plus le grand mérite d'être en phase directe avec les enjeux contemporains du croire en général, et avec les défis lancés au catholicisme en particulier, dont la crise profonde n'aura échappé à personne.

Restait pour l'« interviewer » à échapper à un écueil mortel pour un livre d'entretien comme pour le lecteur : orienter les questions de façon à obtenir les réponses qu'il *espère,* ou du moins *escompte* en vertu de ses *propres* convictions. Au lecteur de juger si nous avons ou non su éviter un tel écueil.

Restait aussi à éviter un autre écueil – plus « véniel » sans doute – consistant à faire entendre ses propres vues, se faire « mousser » pour reprendre une expression familière, se mettre en avant, paraître *intelligent...* Tout en espérant ne pas avoir posé de questions trop *bêtes,* nous avons au contraire pris le parti de la simplicité, cherchant à explorer une pensée, en approfondir le mouvement, en expliciter les *angles morts* – non sans maladresse sans doute. Et nous savons pleinement gré à Joseph Moingt d'avoir joué le jeu, non sans impatience parfois, mais toujours avec bienveillance et souvent dans une franche atmosphère de bonne humeur. Là encore, le lecteur sera seul juge.

Enfin, cet avertissement serait incomplet sans une dernière précision, d'ailleurs liée à ce qui vient d'être dit, et qui concerne le « lieu » de parole des uns et des autres. Joseph Moingt avait 94 ans lorsque ces entretiens furent menés ; en face de lui, son principal interlocuteur – moi – en avait 33. D'où l'intérêt de lire aussi ce livre d'entretiens comme une rencontre entre deux générations de chrétiens de confession catholique, reflétant des parcours de vie et de foi différents, mais également soucieux d'interroger leur foi de façon honnête, et d'entrer en résonance avec toutes celles et ceux qui – quelles que soient leurs origines, quelles que soient leur croyances ou absences de croyance – s'interrogent sur la nature et les modalités du croire dans un monde largement et heureusement – du moins est-ce notre position – sécularisé.

Lyon, 24 novembre 2010, K.M.V.

AVERTISSEMENT DE L'AUTEUR

Ce livre d'entretiens est constitué de réponses aux questions posées par mes deux interlocuteurs, Lucienne Gouguenheim et Karim Mahmoud-Vintam, pour le compte des Éditions Temps Présent. Il regroupe cinq entretiens qui ont été enregistrés au cours des premiers mois de l'année 2009 à raison d'une séance de deux heures toutes les trois semaines environ. Les questions, laissées entièrement au libre choix des interlocuteurs, m'étaient envoyées quelques jours avant l'entretien par courrier électronique, mais elles m'étaient posées oralement dans un ordre et dans des termes différents, et mes réponses étaient totalement improvisées, de telle sorte qu'elles provoquaient souvent d'autres questions imprévues, parfois des digressions, en général des demandes d'explication. Aucun entretien n'était réservé à un sujet particulier, et il était admis qu'une même question pouvait revenir d'un entretien à un autre.

Il avait été convenu entre nous que je ne me déroberais à aucune question, mais que j'entendais rester sur le plan théologique, ce qui excluait deux types d'interrogations.

D'une part, je ne voulais pas de questions d'un genre biographique ou confidentiel, portant sur ma formation, ma vie privée ou religieuse, mes amitiés, mes études, mes écrits, ma carrière d'enseignant et d'écrivain. Je professe que le moi est inintéressant, s'il n'est pas forcément haïssable, et je me suis plusieurs fois refusé à des entretiens de ce genre, sauf que j'ai accepté tout dernièrement d'évoquer mes souvenirs sur le temps passé à la direction d'une revue de théologie, qui les a publiés, et aussi, mais non destinés à la publication, sur mon temps de formation et d'enseignement dans la Compagnie de Jésus.

D'autre part, si je ne refusais par avance aucune question théologique, même des plus brûlantes, je ne voulais pas qu'on m'accable de demandes de précisions, de définitions et de formulations didactiques, qui auraient abouti à faire de ce livre d'entretiens une sorte de résumé catéchétique, du genre : « ce que je crois », ou « voici comment je comprends l'ensemble des dogmes catholiques », ou encore « comment j'envisage de réformer les structures de l'Église ». Je ne posais pas ces exigences par prudence et pour me dérober, mais justement pour garder le ton de « libres entretiens » sur des questions que je me pose à moi-même, sur des sujets auxquels je réfléchis présentement, sans rien cacher de mes interrogations, hésitations, et orientations de pensée, mais aussi sans afficher des positions arrêtées, alors qu'elles ne le sont pas dans mon esprit, ni des solutions précises et définitives à tous les problèmes qui se posent de nos jours à l'Église, comme si j'y voyais plus clair que les autres ou que je pouvais à moi seul y porter remède.

Je remercie mes deux interlocuteurs d'avoir bien compris et accepté ces exigences. Certes, ils ont souvent cherché à me repousser aussi loin que possible dans mes retranchements – c'était leur métier d'enquêteur –, mais avec retenue et bonne humeur, non sans s'affronter parfois à ma mauvaise humeur – cela aussi faisait partie du jeu. Ils n'avaient d'ailleurs pas l'intention de me faire développer une théorie d'ensemble du christianisme, mais de me faire parler sur des sujets qui inquiètent et dont discutent beaucoup de catholiques de nos jours.

De plus, ils me laissaient toute liberté de revoir et de retoucher ces entretiens – et c'est le second point sur lequel je vais m'expliquer.

Les enregistrements de ces entretiens étaient retranscrits et m'étaient envoyés par mail, à mesure que ceux-ci avaient eu lieu, aux fins de relecture et de retouche. Mais j'avais prévenu que je ne pourrais m'en occuper qu'à l'époque des vacances, et encore dans la mesure où elles ne seraient pas requises par d'autres travaux, car j'avais commencé l'année précédente, sinon un peu avant, la rédaction d'un autre livre, qui avait pris du retard, et à laquelle j'entendais consacrer tout mon temps disponible. Ce fut donc seulement au cours de l'été 2009, puis à nouveau de l'été 2010, que je pus revoir, la première fois les deux premiers entretiens, et les trois derniers la seconde fois.

Cette révision fut, en grande partie, un travail de réécriture, ce qui explique sa lenteur. D'abord, parce que le style oral est vite fastidieux sinon insupportable à la lecture : il me fallait éliminer nombre de répétitions, de redoublements, d'exclamations, de surcharges, de tournures incorrectes, sans viser à l'élégance du style, rien que pour le rendre lisible, ou même simplement compréhensible sans risque d'erreur. Toutefois, partout où il se laissait lire sans difficulté, j'ai évité de le retoucher, pour lui garder le plus possible de son caractère premier, celui d'un entretien improvisé, parlé et parfois dialogué, serait-ce au prix d'y maintenir quelques incorrections.

Le travail le plus long fut d'ajouter au texte d'assez nombreuses informations ou explications : les unes, parce que je me rendais compte de leur nécessité pour compléter mes réponses aux questions qui m'étaient posées, ou pour mieux expliciter ma pensée, ou encore pour prévenir de possibles objections, erreurs d'interprétation, ou interrogations redoublées ; les autres, sans doute les plus nombreuses ou les plus longues, parce qu'elles m'étaient demandées par mes deux interlocuteurs eux-mêmes au moyen de notes insérées dans le texte retranscrit de l'enregistrement.

Toutefois, je n'ai rien changé à l'ordre ni au texte des questions qu'ils m'avaient posées, quitte à y ajouter celles qu'ils avaient mises en note ou, rarement, à couper un trop long développement par une brève question, mais en veillant soigneusement à rester toujours dans le cadre et les limites des sujets abordés dans ces entretiens. Si le lecteur s'étonne que tel problème, théorique, pratique ou historique, n'est pas abordé par moi, la raison en est simplement qu'il n'a pas été soulevé au cours de nos entretiens ; et, si je me suis avisé dans ma relecture postérieure qu'il eût été opportun ici ou là de traiter aussi de ceci ou de cela, je me suis abstenu d'introduire ce sujet de mon seul chef, dès lors qu'il ne me paraissait pas nécessaire à l'élucidation des questions posées et qu'il sortait de leur centre d'intérêt global.

Ce centre d'intérêt est suffisamment désigné par le sous-titre du livre : *« Libres entretiens sur le présent et le futur du catholicisme ».*

Mes deux interlocuteurs n'étaient pas motivés par le désir de passer en revue, même sommairement, l'ensemble des questions dont débattent les théologiens d'aujourd'hui, mais les graves problèmes que pose à de nombreux catholiques, à de « simples fidèles » qui observent ce qui se passe et y réfléchissent, la situation actuelle de leur Église.

Le choix du mot « catholicisme », plutôt que « christianisme », est emblématique à lui seul de ces problèmes : il n'embrasse pas, il s'en faut, tous les articles de la foi ni eux seuls, il ne s'en tient pas à la « théorie » chrétienne, il vise de préférence, en premier lieu, les difficultés, pour les fidèles de l'Église catholique, de vivre et de penser leur foi dans le cadre spécifique de ses structures d'autorité dogmatique et hiérarchique, et, en second lieu, les problèmes d'audience, de crédibilité et de simple survie de cette Église que leur posent sa situation présente dans notre monde sécularisé et son état manifeste de déclin et de crise : fuite des fidèles, dissensions internes, tarissement du clergé, conflits d'autorité, méfiance envers la science théologique et biblique, remises en ordre et mesures de restauration, rapports distendus entre Rome, les Églises locales et les communautés de fidèles, etc. Telles sont, en vrac et en gros, les questions vitales qui me furent posées et qui seront agitées dans ce livre.

Questions périlleuses, parce qu'elles mettent en cause des structures organiques, questions surtout troublantes pour la foi de notre temps. J'ai accepté néanmoins d'en traiter parce qu'elles me sont familières et me hantent, moi le premier, et aussi parce que j'en ai souvent traité dans mes ouvrages, dans le dernier paru au Cerf notamment, et encore dans de nombreux articles de revue, des conférences et des débats, et que ces questions sont au cœur du livre que je rédige ces temps-ci et que j'espère publier à la fin de l'année prochaine – c'est pourquoi j'ai estimé ne pas pouvoir m'y dérober. Non, je le répète, parce que je pense avoir des solutions de « sortie de crise ». Mais parce qu'il serait insensé, pour un théologien, de ne pas se poser ces questions que tant de catholiques se posent autour de lui, parce qu'il est urgent d'y réfléchir, et pour y encourager.

Il y a eu des époques où des problèmes de ce genre – mais pas tous à la fois comme aujourd'hui – se posaient et où il paraissait plus prudent, aux autorités religieuses et aussi aux simples théologiens, de se taire et d'attendre, pour ne pas alerter l'opinion publique ni troubler la foi des fidèles, d'attendre que les esprits se soient apaisés, peut-être qu'on ait trouvé une solution, plus habituellement que le problème soit oublié. Mais la crise actuelle est trop générale et touche trop de sujets vitaux pour qu'on puisse espérer qu'elle se résorbera d'elle-même rien qu'en laissant le temps s'écouler.

C'est pourquoi j'ai accepté que ces questions me soient posées, dans leur brutalité parfois, et que mes réponses soient publiées, sans en atténuer le tranchant, dans l'espoir que le trouble des catholiques de notre temps retienne l'attention de tous ceux qui portent, à quelque niveau et sous quelque forme que ce soit, la responsabilité des orientations de notre Église. Beaucoup de ces fidèles hésitent à rester dans l'Église ou à la quitter, comme tant d'autres l'ont déjà fait, ce qui revient souvent, pour eux, à se demander s'ils vont lutter pour garder une foi vivante ou la laisser s'en aller par fidélité à leurs propres exigences de vérité. Le titre donné à ces entretiens, *Croire quand même,* exprime le message, de compréhension et d'encouragement, que ce livre voudrait porter à ses lecteurs.

Bordeaux, 31 juillet 2010, J. M.

PROLOGUE

L'humanité – dites-vous – a toujours cru aux dieux. Pourriez-vous préciser ce qu'en définitive cette humanité met depuis le commencement derrière le mot « Dieu » ?

Je crois qu'on ne l'a jamais très bien su, surtout si l'on étale la question à travers les millénaires ! Dieu, c'est l'au-delà insaisissable ; Dieu, c'est ce qui nous questionne. Quand on cherche la naissance de l'idée de Dieu, on ne la voit pas naître, on voit des religions déjà là, déjà installées, ou disons simplement des cultes rendus aux dieux, sans la théologie ou connaissance raisonnée de Dieu que véhiculent les religions. Celles-ci peuvent être tribales, comme dans la littérature védique, ou déjà très politisées comme dans les grands empires ou royaumes mésopotamien, assyrien ou égyptien. Mais on trouve des dieux partout. Dès que les hommes sont venus à la conscience d'eux-mêmes, ils ont trouvé des dieux autour d'eux. Qu'est-ce qu'ils mettaient là-dedans ? À mon avis, ils y ont vu sans doute la personnification de la poussée de la vie qui est dans l'univers mais qu'ils sentaient aussi en eux-mêmes. Sans doute quelque chose comme ça.

Ce que cela donne à voir, c'est que l'humanité est *toujours travaillée par un désir d'altérité*. Et que c'est cela qui a éloigné l'homme de l'animalité, qui lui a fait prendre conscience de sa singularité, de sa dignité. Et avec cette idée très grande d'une communion avec l'univers : les dieux sont des forces de la nature. Et les dieux sont à l'origine même du sentiment social : la religion homérique est le culte du dieu du foyer ; le premier culte est dépourvu de temple et de prêtres ; le temple est le foyer où cuit le repas de la famille, et le prêtre est le père de famille qui fait des offrandes au dieu en remerciement de la nourriture qu'il en reçoit pour les siens. Ce dieu protège la famille et l'enclos familial, qui ont besoin de protection. La divinité est à la fois très incarnée – elle se tient là dans le foyer – et en même temps souveraine – elle protège la famille parce qu'elle a la maîtrise de la vie et des éléments. Voilà ce qu'on trouve aux origines, ce lien très étroit entre Dieu et l'homme, l'homme et la nature, la nature et Dieu. Qu'est-ce que l'on attend des dieux ? Eh bien, qu'ils continuent à faire jaillir la vie ; la divinité est vue comme la source de la vie et en communion avec l'univers, elle n'en est pas séparée.

Et quand on voit la religion liée aussi aux rites funéraires, que traduit l'idée d'une sépulture ? On enterre le mort en général à côté de sa maison, avec de la nourriture, parce qu'on le considère comme encore vivant, sous le mode de rester en lien avec sa tribu dont la vie collective se renouvelle de génération en génération, promesse de survie pour le défunt. Il y a donc une vie, une communauté de vie, une continuité de vie entre vivants et morts – les morts sont absents, mais non retranchés de la vie des vivants. C'est à travers cette idée du flux intarissable de la vie que l'homme naît au sentiment d'un destin infini, régi par la Puissance souveraine qui gouverne l'univers et entretient la vie en lui, sentiment qui se précisera peu à peu, à travers la philosophie grecque, jusqu'à l'idée d'une parenté de l'homme avec

Dieu. Ainsi la conscience de l'humanité s'affine-t-elle en même temps que la conscience de la divinité.

Deux éléments me frappent particulièrement, dont je ne sais si l'on peut établir un lien entre eux et ce retrait de Dieu, du croire. Le monde connaît une urbanisation continue – le fait urbain est même, pour la première fois dans l'histoire de l'humanité, majoritaire depuis 2008 – et peut-être y a-t-il un lien entre retrait de la nature et retrait de cette dimension sacrée que peut porter la nature. Il y a aussi, naturellement, l'avancée des sciences... Il y a là peut-être un élément que l'on pourrait emprunter au théologien Dietrich Bonhoeffer quand il parle de Dieu comme « bouche-trou » : très longtemps le divin venait suppléer à nos défaillances de connaissances, à nos peurs, à ce qui nous restait obscur. Et à mesure que cette obscurité bat en retraite avec l'essor extraordinaire des sciences, le divin – qui avait été placé dans cette dimension obscure et mystérieuse – est amené lui aussi à battre en retraite...

Ce à quoi il faut faire attention, c'est que la science ne relève pas d'une autre rationalité que la croyance : les mythes étaient déjà des sciences humaines ! Les mythes étaient déjà des efforts scientifiques pour comprendre l'univers. Prenez le récit de la création dans le livre de la Genèse, qui est d'ailleurs un décalque des récits babyloniens : c'est une tentative de comprendre « scientifiquement » les origines de l'univers, de la terre, des espèces végétales et animales, de l'homme enfin. Cette science, qui ne cesse d'évoluer, finira-t-elle par totalement évacuer l'idée de Dieu ? On peut en faire l'hypothèse. Mais on ne peut pas en même temps ne pas se demander : « Que restera-t-il de l'homme et de l'idée de l'homme à ce moment-là ? » C'était la crainte de Husserl, quand il voyait les sciences naturelles s'emparer des sciences de l'esprit : on va vous découvrir quelque part dans le cerveau le neurone qui est à l'origine de l'idée de Dieu ! Très bien ! Mais que deviendra l'homme à ce moment-là ? On doit se poser la question, et on a beaucoup de raisons de se la poser quand on voit l'évolution présente de l'humanité. Alors je ne voudrais pas faire peser une menace de type apologétique comme on l'a entendu même dans des discours officiels de l'Église, et dire : « En tuant Dieu, vous tuez l'homme ! » Je ne voudrais pas *disqualifier* les avancées de la science, y compris de la sécularisation, en faisant cette menace et en disant que la notion de Dieu est le seul barrage contre une montée de la barbarie... Il faut cependant bien envisager que l'humanité s'est au long de je ne sais combien de millénaires développée en nourrissant le concept de Dieu ! C'est peut-être une bonne chose qu'elle s'en débarrasse... mais peut-être devrait-elle le garder en concevant Dieu *autrement,* et sans en faire une menace pour l'homme.

Et je crois que le chrétien doit présentement – et notamment le théologien chrétien – interroger sa foi à partir de cette évolution qui se produit. *Mais* je pense qu'il doit en même temps s'efforcer de garder sa foi *autrement* – la garder non pas pour sauver la religion ou l'institution qui lui est liée, mais pour sauver une certaine idée de l'homme dont l'idée de Dieu reste le garant... oui, le garant. J'emploie ce mot à dessein à cause de l'affinité (analysée par Benveniste) des mots « croire » et « croyance » avec le garant, la garantie, l'assurance de récupérer ce qu'on a confié en gage à quelqu'un « de confiance ».

Et dans quelle mesure cette idée de Dieu justement reste le garant de l'idée d'homme ?

Parce que c'est l'idée d'un *destin infini* et que l'homme est *à l'image de Dieu.* Prenons la phrase dans laquelle Levinas résumait la Bible : « *Tu te dois à autrui* » ! À mon avis, c'est là une pensée tout à fait chrétienne, quoique formulée par un juif. Mais c'est très fort cela, n'est-ce pas ? Et l'homme que nous avons connu, c'est celui qui est hanté par cette parole-là : tu te dois à l'autre ! Pourquoi irais-je me soucier du pauvre, du SDF ? Pourquoi ?

Cette idée d'une altérité qui est à la fois dans la dignité de l'autre et dans le fait que je me sens appelé à un avenir autre : c'est cela la foi ! Et, finalement, quel est le soutien de la foi ? La révélation, oui... Mais peut-être aussi le sentiment très fort de l'obligation que j'ai de chercher à sauver le monde, à sauver l'idée de l'homme, en cherchant à sauver ma foi. Je pense que c'est quelque chose comme cela... Avec un passage à l'universel, déjà annoncé par les prophètes. C'est étonnant de voir comment nous revivons le drame de l'Israël ancien, qui avait inventé sa révélation !

« Inventer », c'est un mot qu'il faudrait repenser autrement ! Mais enfin, quand les historiens nous apprennent que les récits des cinq livres bibliques appelés le Pentateuque ont été composés très tardivement, après le retour d'exil du peuple de Juda, sur la base de légendes, de souvenirs et de traditions, dans le but de doter ce peuple d'une histoire qu'il n'avait pas, on n'a plus aucune preuve qu'Abraham et Moïse aient jamais existé. Alors, la révélation de Dieu à Abraham et à Moïse, comment nous, chrétiens, pouvons-nous y croire ? Nous y croyons parce que Jésus l'a repensée – ce qui pose d'ailleurs un problème pour nous – mais enfin elle est liée à sa propre révélation, elle est la mémoire de Jésus. Comment le théologien peut-il sauver autrement l'idée de révélation ? En disant que c'est cette idée qui a forgé l'identité du peuple juif ? Je ne sais pas. Mais moi chrétien, je ne peux pas me reposer simplement sur une révélation qui aurait été faite à un autre peuple auquel je n'appartiens pas. Le livre de Shlomo Sand sur *L'invention du peuple juif* va poser des questions à un certain nombre de juifs qui se considèrent comme membres du peuple de Dieu. Si c'est la mémoire d'Abraham qui fait l'unité de ce peuple, pour nous, chrétiens, c'est la mémoire de Jésus, je pense, qui nous permet de recevoir la tradition d'Israël comme révélation, c'est-à-dire comme cheminement de la Parole de Dieu vers les Nations. Mais pourquoi ne pas voir cette Parole – cet appel à l'humanisation de l'homme – cheminer aussi à travers les cultes rendus à Dieu depuis le commencement de l'humanité ?

PREMIÈRE JOURNÉE

À BÂTONS ROMPUS...

À bâtons rompus...

L'éclatement de l'Église
Foi, croyance et religion
Le croyant et le citoyen
Religion et culture
Tradition et Magistère
Le nom de Dieu

Qu'est-ce que croire au XXIe siècle ? Comment voyez-vous la situation religieuse de notre temps ?

La question de la croyance et de la pratique de la foi se pose de nos jours en termes assez semblables à propos de beaucoup de religions. Un observateur disait récemment que, déjà vidées d'une partie de leurs fidèles dans les sociétés sécularisées, les religions sont de plus en plus menacées d'éclatement entre groupes fondamentalistes – pour qui l'essentiel de la foi consiste dans la lettre des textes sacrés, dans des points de doctrine, des lois morales ou des préceptes cultuels, des traditions vestimentaires ou alimentaires – et groupes charismatiques – adonnés à des pratiques de piété plus ferventes, plus sensibles, parfois exaltées, à des prières de guérison, à des formes de religiosité chaleureuses et communautaires, et à une propagande publique (à du « prosélytisme »).

Quand il s'agit des religions musulmane ou juive, les médias occidentaux parlent fréquemment des fondamentalistes, rarement des charismatiques, d'ordinaire discrets ; chez les musulmans, il y a ceux qui veulent imposer les lois coraniques dans les pays où ils sont majoritaires, ou qui affichent leur particularisme de façon agressive là où ils sont minoritaires, par exemple par le port du « voile intégral » des femmes ; du côté juif, on parle des « religieux », attachés à des vêtements archaïques, où à une pratique rigoureuse et ostentatoire du repos du sabbat, parfois qualifiés d'« extrémistes » quand leurs revendications territoriales s'appuient sur un droit divin.

Chez les chrétiens, inversement, catholiques ou protestants, le mouvement charismatique – qui est d'origine protestante et appelé aussi « pentecôtiste » parce qu'il se réclame de l'effusion du Saint Esprit le jour de la Pentecôte – paraît plus voyant que le fondamentalisme. Je veux surtout parler du mouvement « évangélique », qui est proprement protestant et a pris naissance aux États-Unis, mais qui s'est abondamment répandu dans des pays d'Amérique latine à majorité catholique, a essaimé en Asie et en Afrique, où il concurrence les Églises établies, et a fait une percée spectaculaire en France dans les milieux protestants et même chez des catholiques qui avaient cessé de fréquenter leur Église. Chez les catholiques français, le mouvement charismatique, déjà ancien, tient également une place importante, d'autant plus que la fréquentation religieuse est en baisse, mais il est loin d'être aussi voyant que chez les protestants, car il est dans son ensemble – à part quelques chapelles plus fermées et plus ostentatoires – bien intégré à l'institution et n'offre pas le caractère d'une « Église » séparée.

Les fondamentalistes, eux, sont moins nombreux chez les catholiques que chez les protestants parce que l'interprétation de la Bible est fixée pour les premiers par le magistère ecclésiastique. Il s'en est trouvé, des deux côtés, aux États-Unis pour soutenir des propositions de lois répressives (contre l'avortement, pour la peine de mort...), ou le « réarmement moral », ou la guerre en Irak, ou l'enseignement de la création dans les écoles telle que la Bible la raconte (contre l'évolutionnisme darwiniste). En France ou dans d'autres pays européens, le fondamentalisme catholique est plus affaire de tradition et d'attachement à des rites anciens (à la messe selon le rituel de Saint Pie V, notamment) que de fidélité à la lettre de la Bible, ainsi chez ceux qui suivent la dissidence de Mgr Lefebvre (« Fraternité Saint Pie X ») ou chez les transfuges de cette mouvance (la « Fraternité Saint Pierre », l'« Institut du Bon Pasteur ») ou chez leurs sympathisants, le plus souvent appelés « traditionalistes », qui ne forment pas de groupes constitués comme tels.

Que signifie cet éclatement, et comment peut-on l'expliquer ?

Pour en rester au même niveau de généralité, on observe que la laïcité – qui est la règle de la plupart des démocraties occidentales – et le phénomène, de plus en plus répandu, de la sécularisation – qui est l'affranchissement de la société à l'égard des tutelles religieuses – troublent les consciences, favorisent l'émancipation des individus, affaiblissent d'autant les institutions religieuses, y suscitent des réactions diverses de protestation ou de radicalisation, qui tendent à fragmenter l'unanimité jusque-là régnante. Mais il s'agit de mouvements de longue durée, à lente évolution, dont on observe tardivement les résultats alors qu'ils se préparaient depuis bien longtemps, et qu'on ne peut pas analyser sérieusement sans les replacer dans un contexte beaucoup plus vaste, politique, économique et culturel. Par exemple, le fondamentalisme musulman n'est pas indemne du colonialisme européen ni de l'impérialisme américain, ni le fondamentalisme juif des rapports du judaïsme à la culture européenne des siècles passés et à la situation politique présente de l'État hébreu. L'évolution des sciences linguistiques et historiques a aussi considérablement modifié le regard des croyants « éclairés », de quelque religion qu'ils soient, sur leurs textes sacrés ; et les libertés reconnues aux citoyens dans les États « modernes » ne peuvent pas ne pas modifier l'attitude des croyants vis-à-vis de leurs autorités religieuses.

À tous ces égards, même s'il s'agit de phénomènes de masse en réaction les uns contre les autres, on recueille les fruits de l'individualisme hérité d'une lointaine « modernité », d'une époque où l'émancipation du sujet, ambitionnant de prendre la pleine responsabilité de soi, de ses choix et de ses actes, a distendu et rompu les liens de la tradition.

Pour m'en tenir maintenant à la situation du catholicisme français, il n'est pas contestable que le concile Vatican II a marqué dans l'histoire de l'Église un point de rupture considérable – mais par rapport à quoi ? J'ai entendu soutenir dernièrement, dans un débat télévisé, que l'importance majeure du Concile ne tenait pas, contrairement à l'opinion la plus répandue, à la volonté de l'Église de se réconcilier avec le monde moderne – volonté représentée par la Constitution *Gaudium et spes* sur « l'Église dans le monde de ce temps » – mais à ses décrets relatifs à la liturgie, à l'enseignement de la sainte Écriture, et surtout à la liberté religieuse, à l'œcuménisme et aux relations avec les autres religions. Mais peut-on dissocier le regard de l'Église sur le monde de son comportement religieux et de ses rapports avec les autres confessions ou religions ? Il est exact que la reconnaissance de la liberté de religion a été l'un des points les plus discutés au Concile, mais elle faisait partie des libertés revendiquées par le monde moderne depuis le XVIIe siècle. Il est non moins exact que la volonté de dialoguer avec les autres religions a inauguré un tournant dans l'histoire de l'Église, mais dépendant du principe de la liberté religieuse. Quant au rapprochement avec les autres confessions chrétiennes (ce qu'on appelle proprement « œcuménisme »), il était largement amorcé avant le Concile, et il est surtout d'une nature différente du dialogue avec d'autres religions, puisqu'il vise à reconstituer une unité perdue que seule la communion à la même foi, sur des points fondamentaux, permet d'envisager.

Quant aux décrets conciliaires qui ont pu modifier le comportement religieux des catholiques, ils sont évidemment liés à la prise de conscience par la hiérarchie ecclésiastique de l'évolution des mentalités des fidèles, une évolution non moins évidemment solidaire de celle qui se faisait depuis longtemps, à des degrés divers, surtout depuis les deux dernières guerres mondiales, dans l'ensemble de la société française sinon européenne. Une bonne partie des fidèles laïcs, plus instruits que dans le passé, mieux formés aux questions doctrinales et religieuses, habitués à lire les évangiles, souvent mobilisés pour des tâches apostoliques (dans « l'Action Catholique »), aspiraient à des célébrations liturgiques moins hiératiques, plus compréhensibles, plus proches de la vie des gens, à des rapports moins distants et moins hiérarchiques avec le clergé, à un certain partage des responsabilités quand ils étaient appelés à coopérer avec des prêtres, à un assouplissement de la discipline sur certains points, et beaucoup de prêtres partageaient et même encourageaient ces sentiments. Les changements introduits par le Concile dans la célébration de la messe, la discipline sacramentelle ou la participation des laïcs à la vie paroissiale répondaient à ces aspirations et témoignaient de la volonté sérieuse de l'Église de s'accommoder des nouvelles manières de penser et de vivre, que les fidèles partagent avec l'ensemble de la population, pour autant qu'elles soient compatibles avec sa foi et ses traditions.

Toutefois, il serait naïf de penser que tous les fidèles souhaitaient ces changements et en ont été satisfaits quand ils furent décidés. Plusieurs pouvaient se sentir d'accord avec l'esprit du temps, mais considérer que l'Église est un lieu à part, soustrait au temps, et se contenter des rites tels qu'ils se faisaient sans éprouver le besoin de les comprendre ; ceux-là n'aspiraient donc à aucun changement et, quand il s'est produit, se sont sentis dérangés dans leurs habitudes et plutôt mécontents. D'autres étaient rebelles à l'esprit du temps pour des motifs qui n'étaient pas forcément religieux mais propres à leur culture, à leurs tendances politiques ou à leurs traditions familiales ; ils étaient donc en cela pleinement d'accord avec l'ancienne attitude de l'Église qui n'avait cessé de lancer des anathèmes contre les « idées nouvelles » depuis bientôt deux siècles ; aussi se sont-ils jugés trahis par elle quand elle a voulu se réconcilier avec le monde moderne et opérer la « mise à jour », l'*aggiornamento,* qui fut le mot d'ordre initial de Vatican II.

La résistance est partie de cette famille de fidèles, qui se sont reconnus dans les déclarations de la « minorité » conciliaire (faite des opposants aux réformes préconisées), et qui se sont regroupés plus tard autour de Mgr Lefebvre quand il décida de faire sécession. D'autres catholiques de même tendance, ou de ceux que les « nouveautés » conciliaires dérangeaient, mais qui n'osaient pas faire un acte de rupture, ont rejoint ou sont prêts à rejoindre les groupes traditionalistes, maintenant que plusieurs d'entre eux ont renoué les liens avec les autorités romaines et que celles-ci se montrent plus favorables à un retour à l'ancienne liturgie.

L'*éclatement* de l'Église serait-il en voie de se résorber, de ce côté du moins ?

Peut-être, si on prend le mot au sens fort de schisme, d'autant que les groupes charismatiques, eux, comme je l'ai dit, n'ont pas été tentés de faire sécession. Mais, outre que la scission des lefebvristes n'est pas encore terminée, il ne faut pas être trop optimiste. D'abord, leur retour dans le giron de l'Église, alors qu'ils n'ont rien renié de leurs idées, risque fort de pousser des catholiques de tendance opposée à s'en aller à leur tour, quoique vraisemblablement sans acte de rupture. D'autres, exaspérés par la crispation des autorités romaines et de plusieurs prélats sur des questions sexuelles, qui ont soulevé de vives polémiques ces derniers temps, seront tentés d'en faire autant. Enfin, il y a peu de chance pour que le retour à la liturgie ancienne, plus rigide et plus froide, s'il vient à s'accentuer, donne satisfaction aux charismatiques, ce qui les encouragera à se réunir plus souvent entre eux et à part du reste des fidèles.

En conclusion, si on écarte le danger d'un éclatement, au sens fort, les risques d'un émiettement de l'Église, d'un fractionnement entre groupes qui n'auraient plus de langage commun, d'un relâchement de la communion ecclésiale, et donc d'une grave perte de vitalité, sont loin d'être imaginaires. Et je n'ai pas pris en compte un autre facteur, non de désunion, mais de perte d'unité : la considérable diminution du ministère presbytéral [1], à qui incombait principalement la charge d'entretenir, de réparer et de fortifier la communion entre les fidèles.

Est-ce à dire qu'il ne resterait rien de l'entreprise de Vatican II, dont l'ambition était de donner un souffle nouveau à l'Église et de rassembler les catholiques sur des objectifs communs ?

---

1. Le ministère exercé par les prêtres (NdE).

Vatican II avait entrepris de réconcilier l'Église avec le monde de son temps, de concilier tradition et modernité – l'esprit du christianisme qui avait modelé une si longue histoire de l'humanité, elle-même héritière de la pensée grecque et de l'ordre romain, et l'esprit des temps modernes, nourri de la rationalité philosophique et scientifique, qui avait façonné une société laïque et démocratique, vouée à la conquête des libertés individuelles.

L'entreprise n'était pas illusoire, puisque ce monde nouveau s'était formé au sein du monde chrétien et n'avait pas tout renié de l'esprit évangélique, dont il se réclamait encore parfois, malgré les luttes sévères qui avaient détaché les États laïcs et les sociétés sécularisées de l'emprise des autorités ecclésiastiques. Il s'agissait essentiellement, de la part de l'Église, de reconnaître dans les valeurs et les principes qui inspirent l'esprit moderne tout ce qui est compatible avec l'esprit évangélique, et souvent en procède ; de promettre son concours au monde pour atteindre ses justes objectifs ; de permettre à ses fidèles, qui en partagent les valeurs, du moins en partie et jusqu'à un certain point, de vivre plus harmonieusement leur foi dans ce monde qui est le leur, tout en vaquant à leurs affaires et en se mettant au service de la cité ; et de faciliter éventuellement le retour au bercail des chrétiens qui avaient cessé de fréquenter l'Église, parce qu'elle leur refusait les libertés que l'État moderne accorde à ses citoyens, qui les lui avaient souvent arrachées de haute lutte.

Or la plupart des fidèles se sont engagés dans la voie tracée par le Concile, les uns par esprit d'obéissance et avec réticence, il est vrai, mais les plus nombreux avec conviction et même enthousiasme, parce qu'ils aspiraient déjà, surtout depuis la seconde Guerre mondiale, à une telle rénovation de l'Église, et c'était le cas de tous ceux qui avaient milité dans les différents mouvements de l'Action

Catholique. Il n'est donc pas douteux qu'il a donné à l'Église un fort élan de vitalité qui s'est étendu sur plusieurs décennies, et il ne paraît pas exagéré de dire que tous ceux qui fréquentent assidûment les offices aujourd'hui et animent la vie des paroisses ont été portés par ce courant conciliaire – et ce résultat est loin d'être nul.

Il est facile d'objecter que le Concile n'a pas empêché les églises de se vider, et les traditionalistes ne se privent pas de lui imputer bruyamment ce vide. C'est oublier un peu vite l'état dans lequel se trouvait l'Église depuis la fin du XIXe siècle. Elle avait perdu la plus grande partie de la classe ouvrière – qu'elle n'avait pas réussi à défendre contre les excès du capitalisme industriel naissant – et une bonne partie de la bourgeoisie libérale – à cause de ses attitudes réactionnaires et de son hostilité envers la République et ses lois laïques (je vise toujours de préférence le cas français). L'incroyance se répandait à la faveur de l'instruction généralisée, et la méfiance manifestée par l'Église envers les sciences historiques et naturelles, notamment à Vatican I, puis au cours de la crise moderniste, n'était pas faite pour retenir sous son obédience les esprits imbus de rationalité et de scientificité. Dans la première moitié du XXe siècle, on s'inquiétait déjà abondamment de la baisse de la fréquentation religieuse et du recrutement sacerdotal, et il ne faudrait pas oublier qu'on se demandait même si la France n'était pas devenue « pays de mission », selon le titre d'un livre qui fit du bruit peu avant le déclenchement de la seconde Guerre mondiale. L'après-guerre manifesta une amélioration sensible de la situation, mais les tendances anciennes au déclin religieux reprirent rapidement le dessus. La volonté de l'enrayer fut l'un des motifs de la convocation de Vatican II. Il ranima certainement la foi de nombreux chrétiens, sans réussir toutefois à faire rentrer dans l'Église ceux qui l'avaient abandonnée, ni à empêcher les jeunes chrétiens de la quitter à leur tour, une fois émancipés de la tutelle parentale, en sorte que la « génération Vatican II » arrive aujourd'hui à l'âge de la retraite sans laisser de relève, ou si peu.

Cet état de choses, qui fait planer de si douloureuses incertitudes sur l'avenir de l'Église, n'est pas fait pour entretenir la paix entre les diverses familles d'esprit. Les « traditionalistes » ou « conservateurs » incriminent les changements et prônent le retour à la situation antérieure ; ceux qu'ils qualifient de « progressistes », c'est-à-dire les fidèles de Vatican II, leur reprochent, inversement, de donner à l'Église un aspect vieillot, revêche et revanchard, qui fait fuir les jeunes ; et les « charismatiques » se présentent comme le plus sûr refuge de la foi, sans prendre garde que leur caractère communautariste et volontiers exalté risque de prendre au dehors une allure équivoque de « secte ».

Si néfastes qu'elles soient, ces divergences, à mon sentiment, ne relèvent pas profondément de la foi, mais plutôt de la croyance, ou même d'une simple posture religieuse.

Qu'entendez-vous par là ? Quelle différence faites-vous entre foi, croyance et religion ?

C'est une distinction qui m'est personnelle, qui ne met pas de véritable opposition entre ces trois termes, mais qui permet d'éviter bien des confusions.

La *foi* est l'assentiment donné aux points fondamentaux de la révélation chrétienne, ceux qui s'énoncent dans le Symbole des Apôtres, et l'engagement à vivre selon l'esprit de l'Evangile ; elle s'exprime assurément dans des dogmes, des croyances doctrinales et des pratiques religieuses, mais elle est, pour l'essentiel, une, unifiée et structurée : c'est l'acte de se confier au Christ et de suivre la voie salutaire qu'il a tracée.

La *croyance* est faite, au contraire, de multiples dogmes et doctrines – d'autorité et d'importance très variables –, ainsi de tout ce qui est enseigné par le catéchisme ; elle engage moins directement la vie de chaque jour, elle est souvent léguée par la famille ou l'entourage sans être l'objet d'une conviction ferme et réfléchie, ou elle se laisse conduire par des choix subjectifs, irrationnels et contradictoires, ainsi que l'ont montré de récents sondages d'opinion : les uns érigent la croyance au diable en critère de la foi, d'autres déclarent croire au Christ mais pas à la résurrection des morts, ou inversement.

Quant à la *religion,* qui est en principe la vie de la foi dans une communauté de croyants, elle impose avant tout des lois, des règles de morale, des pratiques cultuelles, alimentaires, pénitentielles, des dévotions, et elle risque, pour beaucoup, de se réduire à de telles pratiques auxquelles ils sont attachés par habitude sinon par superstition, alors même qu'ils ne savent plus très bien s'ils sont encore croyants : ainsi voit-on des catholiques mettre la dévotion à la Vierge à égalité avec l'Eucharistie, tandis que d'autres ne mettent plus les pieds dans une église que pour faire brûler un cierge devant une statue ou verser une aumône dans un tronc.

Voilà, en gros, la différence que j'établis entre ces trois termes – foi, croyance, religion. Elle permet de ne pas sous-estimer ce qui sépare les familles spirituelles que nous avons considérées, sans soupçonner aucune d'elles de manquer de foi, mais sans s'interdire non plus de mettre en question leur intelligence de la foi. Ainsi, les « conservateurs », sensibles au principe d'autorité, mettent en avant l'obéissance à Rome ; les « traditionalistes », la fidélité aux anciennes pratiques liturgiques ; des chrétiens « critiques », marqués par un courant de philosophie libérale, auront tendance à relativiser certains dogmes récents au profit d'une plus grande fidélité à l'Écriture ; des esprits « progressistes », à ramener l'essentiel de l'Évangile à la justice sociale ; tandis que des « charismatiques » seront plus attentifs à la ferveur de la piété communautaire qu'à l'ordonnance rigoureuse des liturgies, et que des chrétiens mieux formés aux orientations de Vatican II seront plus enclins à renouveler le style de la vie en Église et à se porter au service évangélique du monde.

En tout cela, ce ne sont pas des questions de foi qui opposent les chrétiens, mais des façons différentes de réguler la croyance ou la pratique ; les « fondamentaux » de la foi, tels qu'ils s'énoncent dans le Symbole de la foi, ne sont pas en cause ; cependant, ces différences d'attitude religieuse, qui ont souvent leur ressort déterminant dans la culture, le milieu social, l'éducation reçue, le choix politique, peuvent dissimuler de profondes divergences dans la manière de comprendre et de vivre la foi. Par exemple, la foi ne laisse pas d'être blessée quand des traditionalistes, par attachement exclusif à d'anciens rituels, en viennent à rejeter l'autorité de Vatican II ; il en irait de même, inversement, si des fidèles qui s'en réclament étaient tellement obnubilés par ses nouveautés qu'ils déprécieraient tout ce qu'il a conservé des traditions plus anciennes.

Quittons le terrain des dissensions religieuses pour se concentrer sur la question essentielle : qu'est-ce que croire pour vous aujourd'hui dans la société où nous vivons ? Qu'est-ce que la foi ? Est-elle un refuge, ou bien un espace de liberté ? Une opinion, ou bien une grâce échappant à toute raison ?

Dans l'Évangile, la foi est définie comme un acte et une vie de « conversion » : assentiment à la bonne nouvelle de la venue du Royaume de Dieu, engagement à suivre Jésus, attitude filiale envers « notre Père des cieux ». Elle est « grâce », appel de Dieu, lumière et impulsion reçues de lui, mais elle n'est pas irrationnelle pour autant, car l'appel s'adresse à notre intelligence et à notre volonté, et il nous appartient de le prendre en considération et d'y acquiescer, ou de le rejeter. La foi n'est donc pas une simple opinion, elle suppose une conviction dûment réfléchie, elle est un engagement délibéré dans un certain style de vie. Elle n'est pas un refuge contre les souffrances de l'existence, car elle oblige à affronter bien des difficultés, à faire des choix douloureux, à aller souvent à contre-courant de nos penchants, de nos désirs, de nos intérêts, des modes du jour. Elle est donc appel à la liberté, à s'affranchir de l'opinion publique, des mœurs et coutumes de la société et du temps où on vit, des traditions familiales souvent, du conformisme au milieu.

Un philosophe et chroniqueur politique s'en prenait récemment à un propos du pape Benoît XVI déclarant, quand il avait été reçu à Paris cette année dans l'amphithéâtre des Bernardins, que la grandeur de l'histoire européenne avait été de se tenir à la recherche de Dieu ; non, rétorquait-il, l'Europe s'est vouée à la recherche de la liberté, et ce n'est pas la même chose. Sans doute, mais ce ne sont pas pour autant deux attitudes contradictoires : « c'est pour la liberté que Christ vous a libérés », disait saint Paul aux chrétiens de Galatie. Le vrai croyant trouvera dans la recherche de Dieu le plus vaste espace de liberté, la vraie exigence de liberté : celle qui libère le sujet de la captivité du moi égoïste.

Mais je m'en suis tenu jusqu'ici à la compréhension de la foi telle qu'on la trouve dans l'Évangile. Je serai obligé de tenir un langage différent, si je la considère maintenant telle qu'elle est trop souvent « transmise » et reçue, et vécue au quotidien. Puisqu'on devient d'ordinaire chrétien à la naissance, par un rite qu'on n'a pas demandé, on reçoit la foi de la tradition familiale, on l'« apprend » au catéchisme sans y réfléchir, on suit les degrés de l'initiation sacramentelle sans l'avoir décidé ; et ensuite, ou bien un moment vient où l'on s'intéresse à la foi et on entre dans une recherche de Dieu qui est un vrai processus de liberté ; ou bien on garde les croyances et les pratiques qui nous ont été inculquées, avec plus ou moins de conviction et de régularité, sans y réfléchir ni les mettre en question, et on ne découvrira jamais que la vie en quête de Dieu est un vrai espace de liberté ; ou enfin l'adolescent, parvenu à l'âge de s'émanciper du milieu familial, « perd » la foi sans s'en apercevoir, à moins que son premier acte de liberté ne soit de s'en débarrasser, parce qu'elle n'était pas vraiment devenue sienne, et c'est souvent ce qui se passe de notre temps.

Il est vrai qu'en ce début de siècle, dans une société très largement détachée du christianisme, les choses changent doucement : la pression familiale ne s'exerce plus avec la même force, le milieu environnant n'est plus aussi contraignant, un peu d'esprit de « libre examen » a pénétré le catholicisme, le catéchuménat ouvre des voies nouvelles d'accès à la foi, il redevient possible de la « découvrir », et de la vivre en liberté.

Mais il n'est pas sûr que les autorités doctrinales et pastorales laissent cette évolution aller très loin, aussi loin qu'il serait nécessaire pour que la foi devienne l'enjeu d'un assentiment réfléchi, joyeux et spontané à la vérité de Dieu. Celle-ci est plus habituellement identifiée à un catalogue de vérités censées révélées par Dieu et définies par le Magistère de l'Église ; le « mérite » de la foi est dans l'obéissance à la Parole de Dieu définie par son représentant sur terre, et puisque le croyant ne peut pas vérifier par lui-même la provenance de ces vérités – et n'est d'ailleurs pas invité à le faire –, la foi se réduira pour lui à la soumission au Pontife romain : il est alors bien difficile d'en faire une expérience de liberté.

Il devient du coup difficile de dire ce que recouvre le mot « croire » pour l'ensemble des catholiques. Savent-ils bien tous que la foi est essentiellement relation de personne à personne, *confiance* mise dans la bonté paternelle de Dieu, et non soumission craintive à un catalogue de définitions et de prescriptions ? Sont-ils tous conscients que la spécificité de la foi chrétienne est de croire en un Dieu se révélant dans un homme et que cela met une différence radicale entre le christianisme et les autres monothéismes ? Ont-ils tous bien compris que le tout de la foi est l'habitation du Saint Esprit de Dieu et du Christ dans le croyant, rendu participant de la vie de Dieu en pleine union avec tous ses frères ? Et pourtant, la vraie vie chrétienne est de « croire » cela, qui ne peut être cru que « vécu », vécu dans une soif d'intelligence et dans la jouissance d'une pleine liberté auxquelles Dieu même convie le croyant.

Il est vraisemblable que de nombreux chrétiens de nos jours, malheureusement insouciants de ces questions fondamentales, se sont façonné malgré tout un espace de liberté au sein de leur foi. S'ils l'ont fait consciemment et intelligemment, en opérant un tri dans la masse des vérités, des préceptes et des rites donnés à croire et à pratiquer, cette prise de liberté peut être une marque d'intérêt aux choses de la foi, le début d'une foi plus personnelle et plus vivante. On ne se dissimulera pas cependant le risque d'un grave appauvrissement de la tradition de la foi. Beaucoup d'autres font un tri semblable, mais sans s'encombrer de critères sérieux, au gré de leurs préjugés ou de leurs caprices ; ils en prennent et ils en laissent comme ça leur chante, ainsi qu'on dit couramment, sans y faire trop attention. Ils continueront à se dire croyants, et ils le restent sans doute au fond d'eux-mêmes, peut-être plus sincèrement qu'il ne paraît. Mais dans toute la mesure où ils se confectionnent un ensemble de croyances et de pratiques à leur goût et pour leur usage personnel, ils sont en fait sortis de la tradition de la foi catholique.

Si je vous suis bien, il ne peut donc pas y avoir de foi indépendamment de l'inscription dans une tradition ?

La foi se définit forcément par rapport à une tradition. Vous dites que vous êtes chrétien, ou musulman ; ou protestant et pas catholique : vous vous référez à une tradition dans laquelle vous vous inscrivez. Cela ne veut pas dire que, pour vous, cette tradition est un dogme impératif dans sa globalité. On voit des protestants en ce moment faire retour, jusqu'à un certain point ou dans un certain sens, à des doctrines catholiques – par exemple au sujet de la Vierge Marie – abandonnées par eux au moment de la Réforme. Réciproquement, des catholiques trouveront un sens très acceptable à des thèses protestantes, jadis condamnées par Rome en un autre sens qu'elles ne comportaient pas nécessairement.

Mais je parlais à l'instant de *la* tradition catholique, au sens d'une continuité historique, de l'appartenance à une histoire commune, non de traditions doctrinales particulières. La tradition, au sens vrai du terme, n'est pas l'accumulation de doctrines qui ont vu le jour dans le cours des temps, et dont plusieurs ne sont plus compréhensibles à nos mentalités telles qu'elles ont été énoncées. C'est la continuité de la référence de la foi à son origine historique, à l'événement et à l'enseignement du Christ et des Apôtres. C'est ce qui fait que vous êtes chrétiens, et pas juifs ni musulmans, ce qu'il y a de commun entre toutes les confessions chrétiennes, ce qui les rassemble en une même famille de croyants, ce qui est « catholique » au sens premier d'« universel ».

La tradition, ainsi comprise, ne se ramène pas à une somme théologique ; la fidélité à la tradition est l'habitude d'un certain regard tourné vers l'Origine, non pour entasser avec avarice tout ce qui a été dit et fait au cours des siècles passés, pour y amasser les paroles tombées de la bouche de personnages illustres, mais pour y recueillir le Souffle qui a traversé les temps, inspiré en tous lieux, non les mêmes paroles, mais le même acte de foi, porté jusqu'à nous l'unique Parole de la vie éternelle, et qui nous retourne aujourd'hui vers l'en-avant du temps pour annoncer la même Bonne Nouvelle dans les langues des cultures nouvelles ou étrangères. La tradition, la vraie, celle qui est vivante, n'est pas répétition, mais incessante innovation à la poursuite de la Vérité plénière vers laquelle l'Esprit Saint conduit les croyants, ainsi que Jésus l'a promis à ses disciples.

Soit, la foi s'inscrit dans une tradition historique. Mais ne se vit-elle pas d'abord au sein d'une communauté – que je ne confonds pas nécessairement avec l'institution ?

Je n'en disconviens pas. Cependant, si vous envisagez actuellement la masse des gens qui se disent chrétiens, catholiques ou protestants, la plupart ne fréquentent pas une communauté chrétienne. Rien que chez les catholiques, beaucoup de jeunes qui ne vont pas à la messe tiennent à se dire chrétiens ; beaucoup d'autres, qui se disent non pratiquants, tiennent à se marier à l'église, à faire baptiser leurs enfants, ou demanderont un enterrement religieux. Il y a là un rapport à une tradition sociologique, familiale, culturelle, qui s'est détachée de la grande tradition de la foi dont je parlais à l'instant, sans rompre pourtant tout lien avec elle, en sorte qu'elle continue à les nourrir secrètement sans qu'on puisse dire, et sans doute pas eux-mêmes, en quelle profondeur ou en quel recoin de leur conscience ils sont restés croyants. On ne rejettera donc pas hors de la foi les chrétiens qui vivent hors communauté.

Cela dit, je suis tout à fait d'accord pour soutenir que la vie de la foi, son inscription profonde dans la vie réclame un partage communautaire, pour le motif qu'elle ne se réduit pas à des croyances subjectives, mais qu'elle a un aspect résolument social, fréquemment et fermement rappelé par saint Paul, à savoir que les croyants forment tous ensemble un même « corps », qui est le « corps du Christ », parce que l'Esprit Saint y répand la même vie du Christ qui les fait « membres les uns des autres ». Et cette appartenance communautaire ne se réduit pas à se réunir de temps à autre pour quelques célébrations ; toujours selon Paul, elle appelle la continuité d'une amitié fraternelle, d'un secours mutuel, d'une vie familiale, constitutive, dit-il, de « la famille de Dieu ». – Reste à déterminer concrètement où et comment peut ou doit se vivre cette vie de famille !

Ici, vous ne pouvez plus si facilement dissocier la « communauté » de « l'institution ». Car c'est l'Église catholique tout entière qui se définit en tant que corps du Christ dans sa totalité organique et son unité hiérarchique, au point de lier l'appartenance au corps du Christ au maintien de la communion hiérarchique. On est là à la racine du plus grave différend entre l'Église catholique et les autres confessions chrétiennes – mais ce n'est pas notre propos actuel. Telle que l'Église se définit, la communauté de la foi que vous envisagez devrait se vivre dans la paroisse et la participation active à la vie paroissiale. C'est pour cela qu'évêques et prêtres parlent couramment aujourd'hui des « communautés paroissiales ». Il faut pourtant se rappeler qu'aux beaux jours de l'idéologie paroissiale, qui a fleuri après la seconde Guerre, des évêques déclaraient ne pas savoir ce que signifiait le mot « communauté » – un mot qui commençait à être employé par des chrétiens pour exprimer des aspirations qu'ils ne trouvaient précisément pas le moyen de satisfaire dans les paroisses, trop froides, trop rigides, où l'on n'entendait qu'une seule voix, celle du célébrant, à laquelle répondait le seul « amen » des fidèles réduits au rôle de simples assistants. Leur insatisfaction a causé les premiers « départs » ou éloignements de l'Église institution, les uns vers des « communautés de base » dans lesquelles il devenait possible d'organiser une vraie circulation de la parole et des célébrations innovantes nécessaires à la vitalité de la foi, les autres vers des « communautés charismatiques » propices aux effusions de la piété et de l'amitié dont le besoin est aussi une composante de la communion de la foi.

Depuis le Concile et sous son impulsion, les paroisses avaient pris à leur tour un visage indéniablement plus « communautaire », qui n'a pas peu contribué à souder entre eux les fidèles qui se nourrissaient de son esprit. Ce tournant avait provoqué, nous l'avons vu, de nouveaux départs, plus formels, chez ceux pour qui la célébration des « mystères » requiert le silence hiératique, l'ordre hiérarchique, une immuable solennité, voire l'incompréhensibilité d'un langage archaïque. D'autres départs, informels, s'amorcent de nos jours, en sens opposé, dans les rangs des chrétiens restés fidèles à Vatican II et déçus par de plus récentes évolutions : les « regroupements interparoissiaux », d'un côté, qui ont démembré les anciennes paroisses à taille plus humaine, l'arrivée d'un clergé d'un style plus clérical et les mesures de « remise en ordre » de la liturgie, des ministères et autres activités, d'un autre côté, en atténuant ou même effaçant le visage communautaire que les paroisses avaient commencé de prendre, amènent plusieurs fidèles à cesser de les fréquenter. Ainsi continue à se faire l'émiettement de l'Église dont nous avons parlé.

Un espoir demeure cependant. Chez ces chrétiens qui partent silencieusement, ou chez ceux qui demeurent pour servir tant qu'on les supporte, les aspirations communautaires n'ont pas disparu, et plusieurs d'entre eux aiment se retrouver, de façon informelle, pour échanger entre eux, discuter des problèmes locaux ou ecclésiaux, prendre en charge des activités de soutien à la population, échanger autour de l'Évangile, prier, préparer des célébrations ou en improviser sans souci des rituels officiels. D'aucuns dénonceront dans ces rencontres non hiérarchiques ni canoniques une cause de la désagrégation de l'Église. J'y vois plutôt, pour ma part, le contrecoup du juridisme institutionnel qui dissout le tissu des relations interpersonnelles des chrétiens et soustrait leur vivre-ensemble à leur propre responsabilité. Et dans toute la mesure où de libres rencontres de ce genre veulent pallier ce déficit de l'institution et œuvrent à reconstituer entre eux les liens de foi et de charité qui structurent le corps du Christ, j'y vois un signe d'espoir, la promesse d'un renouveau de l'Église, sous des formes encore indécelables, au jour où elle prendra une conscience plus vive de la « chair » du Christ.

Pourriez-vous préciser ce qui pourrait distinguer la « foi » du simple *héritage* à travers un bain culturel donné, ou de la *crédulité* ? Y aurait-il des critères, objectifs ou subjectifs, pour les individus qui se disent ou non croyants, de savoir s'ils nourrissent ou non une authentique foi ?

Ma réponse ne sera pas dogmatique ; elle s'inscrira en premier lieu dans le contexte présent. La foi est la volonté de mettre l'Évangile en pratique dans tous les compartiments de la vie. Parlant de l'Évangile, je suppose déjà une lecture de l'Évangile, une prière ; il n'y a pas de foi vivante sans un certain besoin de prière, ne serait-ce que de prier en interrogeant la figure de Dieu à travers des paraboles évangéliques par exemple.

Mais qu'est-ce que prier ? Ne sommes-nous pas prisonniers de mots qui ne signifient plus rien pour les contemporains ? Et que faire du doute qui constitue une part si importante dans la vie de celles et de ceux pour qui la foi chrétienne est un pari ?

Pourquoi me questionner sur la foi, s'il faut présupposer que les mots les plus ordinaires de la foi n'ont plus de sens pour nos contemporains ? Voilà plusieurs millénaires que la foi en Dieu s'exprime dans la prière : un cri, un acte d'adoration, de louange, d'espérance, de confiance, de demande – cri, acte, mais aussi silence à l'écoute d'une Présence survenue au-dedans de soi. Quant à savoir ce que signifie le mot Dieu, si vous ne le trouvez pas dans le dictionnaire – dont il est un mot parmi d'autres, mais le plus prestigieux, disait Levinas, le plus chargé de sens –, vous ne le saurez qu'en vous mettant en prière : c'est l'interlocuteur invisible et silencieux à qui je m'adresse pour savoir qui je suis et pour devenir ce que je sens devoir être. Pour en avoir des définitions plus significatives, et surtout plus savoureuses, lisez l'Écriture et l'Évangile...

Et que faire du doute, poursuivez-vous ? Mais ne vous en accommodez-vous pas fort bien dans le reste de votre existence ? Le doute est partie intégrante de toute recherche de vérité et de toute relation humaine ; tantôt, on le laisse suivre son chemin, si troublant qu'il soit, car on sent qu'il conduit au vrai ; tantôt, on le bouscule et on l'écarte de sa route, car il empêche d'avancer. Je vois mal comment la foi pourrait lui échapper, elle qui se meut dans l'au-delà du visible. J'oserai dire que le doute fait partie de la foi sous le mode d'être incessamment refoulé, en tant qu'elle est la confiance d'être entendu de quelqu'un qu'on n'entend pas parler et dont on n'attend pas de réponse audible. Ce n'est pas pour autant qu'elle est un pari, c'est-à-dire un calcul intéressé : la foi est « abandon de garantie », a écrit un théologien allemand, elle est toute gratuité, c'est même le meilleur moyen pour elle de vaincre le doute – cela aussi s'apprend dans l'Écriture et par la prière.

Je reprends maintenant votre question sur la nature de la foi et ses critères. Je l'avais située par priorité dans l'Évangile, puisqu'il s'agit de la foi chrétienne, et dans la prière, parce que la foi est une disposition intérieure qui met en jeu l'intelligence, l'affectivité et la volonté. Je viens d'en donner un critère subjectif : c'est précisément la prière, le souci de rencontrer Dieu dans la prière. Car la foi n'est pas d'abord un amas de croyances, comme vous semblez le supposer en cherchant en quoi elle diffère de la crédulité : elle est relation à Dieu, et elle n'est rien si elle n'est pas cela. J'avais donné auparavant un autre critère, objectif celui-là : la foi requiert de s'exprimer en Église, c'est la condition pour qu'elle soit vie dans le corps du Christ et non simple croyance. Disant cela, je ne vise pas au premier chef l'institution croyante, le lien hiérarchique, ni la pratique de la religion ; je n'exclus rien de cela, mais je mets à l'avant-plan ce que nous avons appelé vie de la foi dans un partage communautaire et que saint Paul appelle pratique de la « charité ».

Je voudrais avancer maintenant une autre proposition : la foi n'est pas simplement une affaire intérieure – ma vie de prière –, ni seulement la partie de ma vie qui se passe en Église, quand je vais à la messe ou que je fréquente une communauté chrétienne ; elle requiert la totalité de ma vie, de mes relations avec mes semblables, de ma vie en société, de ma vie professionnelle, de mes engagements politiques, de mes responsabilités civiques et économiques. Comme l'a dit Vatican II, elle appelle les chrétiens à semer l'Évangile dans les réalités du monde, à éclairer les problèmes de la société à la lumière de la loi de Dieu et de son dessein créateur, et à se mettre ainsi au service de l'humanité. L'extension de l'idée de catholicité à la globalité de la vie du monde sera peut-être l'aspect le plus caractéristique du catholicisme post-conciliaire.

Mais cela soulève une question épineuse : l'articulation entre le croyant et le citoyen. Être croyant – chrétien ou autre –, cela implique-t-il de donner une forme de primauté à ce qu'on estime être la loi de Dieu sur la loi des hommes ?

Il faudrait s'entendre sur le sens à donner à « la loi de Dieu ». Le Nouveau Testament, dans la ligne des prophètes de l'Ancien, savait distinguer la loi de Dieu, comprise comme les Dix commandements (le « Décalogue »), du reste de la loi mosaïque, que les juifs pieux observaient scrupuleusement comme également donnée par Dieu à Moïse, mais que Spinoza savait être la législation ethnique, à la fois familiale, sociale, politique, morale et cultuelle, propre au peuple hébreu, en des temps où l'on ne séparait pas la religion de la vie de la cité. Bien que lié structurellement à cette législation, le Décalogue (« Tu ne tueras pas, tu ne commettras pas l'adultère... »), dicté par Dieu à Moïse sur le mont Sinaï selon le récit biblique, rassemble des commandements dont les plus nombreux proviennent de législations plus anciennes, sumérienne et mésopotamienne : la « loi de Dieu » est le produit des plus vieilles civilisations qui ont appris aux hommes à se comporter en hommes. Il ne convient donc pas de la rejeter avec dédain comme si elle n'était qu'un artefact étranger à un véritable « humanisme ». Nos contemporains seraient étonnés de découvrir, en relisant les Tragiques grecs, que la loi divine ou « les lois éternelles » pouvaient être invoquées par des païens (ainsi par Antigone) comme plus miséricordieuses que les lois de la cité.

Cela supposé admis, j'accorde sans difficulté à mon tour que les lois morales enseignées par les religions à leurs fidèles n'ont pas vocation à être imposées aux citoyens par la loi des États. Dans nos sociétés devenues multi-religieuses et multiculturelles, l'État ne peut s'inféoder à aucune religion ou croyance, ni s'ériger en professeur de morale ; il préside à la définition du « bien commun » et souvent, quand les citoyens ne s'entendent pas sur ce bien commun, il se voit obligé de permettre ce que des religions ou des morales proscrivent en tant que mal moral mais qui apparaît comme le meilleur moyen pratique d'empêcher un grave mal physique ou sociétal. Ainsi du problème de l'avortement, des produits contraceptifs ou des préservatifs. Les religions dominantes, ou qui aspirent à le devenir, voudraient que les États interdisent ou imposent ce qu'elles-mêmes proscrivent ou prescrivent, mais il en résulterait un état de guerre permanent dans la société. Et puis, on doit bien constater que les mœurs et la conscience morale ont énormément évolué depuis un bon demi-siècle : les jeunes gens n'ont pas le sentiment de manquer de moralité en se mettant en couple avant le mariage, les époux chrétiens n'admettent plus l'intervention des autorités religieuses dans l'intimité de leur vie de couple. Pourquoi voudrait-on que l'État impose ou interdise de force par la sanction de la loi ce que la religion est impuissante à obtenir de la conviction et de la foi de ses fidèles ?

L'évolution des lois et des mœurs n'empêchera pas les chrétiens de chercher à faire prévaloir ce qui leur paraît commandé par la « loi de Dieu », mais par des arguments qui relèvent de la raison morale, dans les débats éthiques contemporains. La foi les dissuadera surtout de se croire autorisés à faire tout ce que la loi civile permet et tout ce que l'évolution des mœurs amène nombre de leurs contemporains à considérer comme « normal », « parce que tout le monde le fait ». La foi ne va pas sans rigueur morale, ne serait-ce que parce qu'elle inspire la relation à autrui – qui est le domaine privilégié de la morale – autant qu'à Dieu ; mais la moralité relève directement du jugement de la conscience, non de la foi. Toutes les religions, il est vrai, imposent des interdits et des préceptes moraux, mais il s'agit souvent de traditions d'ordre ethnique et culturel, non de lois divines ou morales, même si elles se parent de ces appellations ; ainsi de l'interdiction des mariages « mixtes » (entre un juif et une païenne) dans le judaïsme post-exilique.

On n'oubliera pas que dans la morale entrent beaucoup de questions de « mœurs », c'est-à-dire de coutumes, de comportements qui évoluent selon les temps et les sociétés, comme les règles de « bienséance » ou les « rites » de politesse. Cette considération, qui relève de la rationalité de l'histoire, ne permet pas de juger que les chrétiens qui n'observent plus les règles de morale sexuelle du passé (ce qui ne veut pas dire qu'ils n'en observent aucune) auraient complètement abandonné ou trahi leur foi. Malheureusement, il en est parmi eux qui cessent de fréquenter l'Église parce qu'ils se croient ou se sentent rejetés par elle. L'attitude « pastorale » des autorités religieuses devra évoluer si elle ne veut pas faire fuir ses fidèles, au prix, non d'une adaptation honteuse aux mœurs du monde, mais d'une réflexion plus poussée sur la vraie nature de la moralité, et en méditant aussi le comportement de Jésus envers les « pécheurs » de son temps.

De quoi cette crise de la « moralité » est-elle selon vous le symptôme ?

Disons qu'il y a eu une crise générale de la civilisation, sans donner au mot « crise » un sens péjoratif, mais en ce sens qu'il s'est produit une désagrégation de ces éléments constitutifs de toute civilisation que sont la religion et l'État, l'éthique et le droit, la tradition et la société, le savoir et la technique, et d'autres encore sans doute. Une civilisation est l'intégration harmonieuse de ces divers composants ; mais, quand l'un évolue, l'ensemble se désarticule, et il faut chercher à les repositionner les uns par rapport aux autres, ou attendre qu'un nouvel équilibre se dessine. Il est difficile de diagnostiquer une crise et de discerner le moyen d'en sortir dans le temps, généralement très long, où elle se produit. Les historiens ont repéré aux XIIe et VIe siècles avant notre ère deux crises majeures de civilisation dans les migrations de populations et les bouleversements des empires qui ont affecté les pays du bassin méditerranéen ; l'avènement du christianisme et son élévation au rang de religion officielle de l'Empire romain ont été une autre crise décisive pour la formation de l'Europe ; à la fin du Moyen Age la tradition, qui était le socle de la culture, se fissure et il en émerge le *sujet*, avide de se libérer de toute contrainte et de se créer par lui-même. De notre temps, c'est la religion qui s'effondre, elle cesse de fonder l'autorité en quelque domaine que ce soit, elle perd le pouvoir de régenter les lois de l'État, les mœurs de la société, les critères et les objectifs du savoir. Malgré les effervescences religieuses que nous avons signalées (les mouvements charismatiques, l'évangélisme), le phénomène paraît général dans le christianisme.

La mondialisation y aidant, il semble aussi gagner les autres religions quand elles viennent au contact des sociétés et des cultures sécularisées, malgré les fondamentalismes auxquels nous avons fait allusion et qui sont largement le contrecoup des chocs qu'elles subissent. On peut en présager un retrait général et définitif de la religion des postes-clefs qu'elle occupait dans l'histoire des civilisations depuis les temps archaïques jusqu'à nos jours.

Qu'est-ce que cela laisse présager pour l'avenir de l'Église catholique en particulier ?

Je me garderai de me livrer à des pronostics. Retrait ne signifie pas disparition, pas plus que la religion ne s'identifie à la foi. Elle en est l'incarnation dans une société, dont elle subit les influences comme les avatars. C'est principalement par son clergé et ses ordres religieux que l'Église exerce son autorité sur la société, par l'intermédiaire d'organisations et de mouvements de piété, d'apostolat, de charité, d'enseignement, de services sociaux, et autres. Le tarissement des vocations sacerdotales (d'aucuns préfèrent dire « presbytérales », mais le mot est moins usité) et religieuses atténue considérablement le pouvoir de l'Église d'agir sur la société. Il est, réciproquement, le signe que la société n'éprouve plus le besoin de perpétuer le modèle religieux selon lequel elle fonctionnait dans le passé. Car il serait naïf de penser que les « vocations » venaient uniquement d'un attrait intérieur de la grâce, elles provenaient également des pressions reçues de la famille et des éducateurs, des soutiens et des encouragements venus de l'environnement social, de la considération vouée aux « personnes consacrées » et, il ne faudrait pas l'oublier, des avantages économiques, de la « situation » que les enfants de familles nombreuses et pauvres trouvaient en entrant « dans les ordres ». Ainsi voit-on des évêques aller chercher des prêtres et des religieuses dans des pays pauvres, là où des patrons d'industrie recrutaient de la main-d'œuvre à certaines époques.

La raréfaction des prêtres, religieux et religieuses va incontestablement désorganiser l'Église, changer sa figure, l'obliger à se refonder sur sa base laïque, à partir des petites communautés qu'on voit déjà se former, dans l'ordre ou le désordre, assidues à l'étude de l'Évangile, appliquées à en vivre fraternellement, à le mettre en œuvre dans la société, pour y entretenir la tradition de la foi chrétienne dont elle s'est si longtemps nourrie. Voilà dans quel sens je pressens ou j'espère que va évoluer l'avenir de l'Église, qu'elle y trouvera un renouveau de vitalité, et qu'elle continuera à apporter son aide à la recherche de sens de nos contemporains.

Cette quête contemporaine de sens, de compréhension, de spiritualité, ne peut-elle trouver à se canaliser que dans une tradition particulière ?

Je saisis mal votre question. Nous parlions de l'avenir de l'Église catholique dans la société française et européenne et de l'aide spirituelle qu'elle est susceptible de lui apporter. Je ne vois pas qu'elle puisse tirer cette aide d'ailleurs que de sa propre tradition, à laquelle cette société a puisé au long de son histoire, même si elle a bénéficié des apports d'autres traditions religieuses. Si maintenant vous demandez où nos contemporains, pris individuellement, pourraient trouver de l'aide pour leur quête de sens, il est notoire qu'un *marché* diversifié de biens spirituels, comme disent les sociologues, est à leur disposition, que bien des gens vont s'y approvisionner, et que les gourous ne manquent pas pour offrir ou vendre leurs services. Voudriez-vous que le christianisme se mêle à ces traditions ou leur fasse plus de place ? Ou que la société aille s'y approvisionner plus largement ?

Je veux dire qu'il n'y a plus de lien nécessaire entre une religion particulière et une culture particulière. En voici deux motifs : le premier est l'expansion des deux grands monothéismes, mais aussi du bouddhisme par exemple, bien au-delà de leur berceau culturel, et leur « inculturation » plus ou moins réussie et plus ou moins aboutie dans d'autres sociétés ; le second est une compénétration des idées et des cultures liée pour partie à l'explosion des moyens de communication, et pour partie à l'attrait indéniable qu'exerce la culture occidentale contemporaine sur le reste du monde, notamment les jeunes générations, avec une désaffection pour les cultures particulières au profit d'une culture globale, certes souvent indigente dans ses expressions mais partagée. N'y a-t-il pas là le terreau d'une « intrareligion » susceptible de prendre des formes culturelles particulières ?

Je ne voudrais pas me laisser entraîner dans une discussion qui dépasserait mes compétences. Le mot « culture » est des plus difficiles à manier, et la signification de la « religion » vous échappe dès que vous entreprenez de la définir, plus encore quand vous la mettez en rapport avec la culture. Si vous remontez aux sociétés anciennes, vous trouvez partout de la religion ; chaque peuplade, chaque cité a un culte, elle honore ses dieux, et plus particulièrement l'un d'entre eux ; ce culte fait partie intégrante de sa culture, comme l'indique la parenté sémantique des deux termes, mais la culture comporte bien d'autres éléments : la langue, l'art, le style d'habitation, le type de nourriture et de cuisine, la technique, etc., et tous ces éléments, si divers qu'ils soient, sont étroitement imbriqués les uns dans les autres et spécifient la culture de ce peuple ou de cette cité-État. Mais ces éléments évoluent dans le temps, ils se mélangent à d'autres empruntés à des groupes voisins ou imposés par un voisin plus puissant. Cultures et religions se superposent, s'altèrent mutuellement, sans se détruire, ce qui donne parfois naissance à une civilisation nouvelle et bien spécifiée où coexistent différents cultes et cultures. Ainsi les généraux d'Alexandre ont répandu la culture grecque en Judée, trois siècles avant le Christ, qui a imprimé sa marque dans la religion juive (à moins que ne soit dans sa culture ?), comme en témoignent plusieurs livres de la Bible et la traduction de la Septante, mais n'a pas entamé son monothéisme.

Le christianisme a un lien fondamental avec la culture européenne, il faudrait être sectaire pour le nier ou le minimiser ; mais je le serais moi-même si je prétendais que ce lien est exclusif, absolu, indestructible, au point que cette culture s'autodétruirait si elle cessait d'être chrétienne. Je n'ai garde d'oublier que la religion chrétienne s'est répandue en Europe en même temps que la rationalité grecque et le droit romain, et qui dira lequel de ces trois éléments a le plus influencé la civilisation européenne ? Ni que celle-ci s'est infiltrée chez des peuples tous dotés de cultures particulières qui sont devenues autant de composants du monde occidental. Ni que le christianisme s'est lui-même assez tôt divisé en plusieurs branches qui ont pris les caractéristiques culturelles des pays où elles s'implantaient. Je ne dis donc pas que l'Europe est trop imprégnée de religion (ou de culture ?) chrétienne pour être capable de s'ouvrir à d'autres religions, telles que l'islam ou le bouddhisme (si c'en est une ?). Pour la première, c'est déjà fait, du seul fait des migrations de populations comme dans les temps antiques ; quant à savoir si son « inculturation » (ou acculturation ?) est réussie, bien des chocs « culturels » montrent qu'il est trop tôt pour l'affirmer, et il serait hasardeux de prédire que l'islam est prêt à occuper la place laissée vacante par le retrait du christianisme. Quant au bouddhisme, si divers dans ses pays d'origine (Inde, Japon, Chine), il exerce indéniablement une attraction sur de nombreuses personnes, il paraît capable de donner une spiritualité à des gens qui ne savent plus où se ressourcer, mais il ne se communique pas à des esprits occidentaux sans altérer profondément son esprit originel.

Quant à la « compénétration des cultures » sous l'effet du marché global, rien n'indique qu'elle soit en voie d'engendrer une culture nouvelle. La diffusion du coca-cola ou du rock ou du jean dans les pays musulmans amène rarement l'abandon de la religion, produit plus souvent des exacerbations islamistes, et je ne vois pas par quel miracle « l'attraction de la culture occidentale », si largement irréligieuse, « sur le reste du monde » pourrait servir de terreau à quelque « intra-religion ». Le terme est utilisé, je le sais, par des théologiens qui pensent que toutes les religions du monde procèdent d'une même subjectivité religieuse, qui pourrait engendrer dans les circonstances présentes un âge nouveau de la religion, sinon par leur fusionnement, du moins par la communion de tous les esprits religieux entre eux et en dehors de leurs institutions religieuses propres. Malgré l'évidente évolution du phénomène religieux au cours des temps, j'ai du mal à envisager qu'il puisse aboutir à un tel avenir ; il y a autant de raisons de penser qu'il aboutira à la disparition de la religion, puisque l'« intra-religion » sera de toute façon la dissolution des formes religieuses existantes à ce jour.

De toute façon encore, je ne vois pas comment le christianisme pourrait se fondre avec d'autres religions, même monothéistes, d'abord parce que le judaïsme et l'islam ne sont pas intimement persuadés que le christianisme soit un pur monothéisme, ensuite parce que son lien à l'événement du Christ, pris comme révélation de Dieu, le lie à une origine et à une tradition historiques qu'il ne peut ni partager avec d'autres religions ni écarter sans se renier, car cette référence est indissociable pour lui de sa nomination de Dieu. Si donc il ne peut plus être *la* religion du monde occidental comme il l'a été dans le passé, il ne pourra continuer à nourrir du moins sa spiritualité qu'en restant identique à lui-même, mais non sans un grand effort d'innovation dans ses structures et d'inventivité aux fins de communication.

... et cela dans le contexte de sociétés occidentales marquées par une crise profonde de la transmission, y compris celle de la culture.

Quand j'ai parlé tout à l'heure d'une crise générale de la société, c'est bien cela que je visais : la cause profonde de la crise, c'est que la transmission ne se fait plus. Auparavant, elle se faisait de celui qui commande à celui qui obéit, des parents aux enfants, du curé à ses ouailles, du professeur à ses élèves, du patron à ses ouvriers, du chef politique à ses concitoyens. La transmission a éclaté : c'est ça, la crise de notre civilisation ; et l'on saisit le lien très fort entre cette crise et celle de la religion : la religion au sens traditionnel, c'est-à-dire liée à la culture, est basée sur la transmission. Car le culte requiert l'exacte observance et répétition des rituels, la religion est perpétuelle relecture (d'après son étymologie latine *relegere :* recueillir, relire). Dans le complexe qui constitue une culture, la religion est l'élément stable, principe et dynamisme interne de continuité ; c'est elle, notamment, qui assurait dans le passé la stabilité de l'autorité politique, qu'elle fondait et sacralisait. Aussi les philosophes grecs de l'Antiquité, alors qu'ils étaient parvenus à la croyance en l'unité de la divinité, n'en recommandaient pas moins d'observer les fêtes des dieux de la cité, auxquelles présidaient les magistrats, afin de maintenir le bon ordre et les traditions de la ville ; plus tard, les monarchies européennes soutiendront la religion chrétienne d'où le principe monarchique tirait sa force ; en France, après la séparation de l'Église et de l'État, le pouvoir républicain maintiendra quelque temps les crucifix dans les tribunaux, pour renforcer le respect et la crainte de la Justice qui y était rendue, et il est bien connu que les partis politiques « conservateurs » se posent généralement en soutiens de la religion établie.

C'est donc l'effondrement de la religion chrétienne, dû à la perte de la croyance, qui a mis la civilisation occidentale en crise, en lui retirant son élément stabilisateur. L'esprit critique a prévalu contre elle, un esprit de recherche infinie, hérité de la rationalité grecque et source du doute systématique sur lequel s'est fondée la science européenne. La pensée grecque n'était pourtant pas hostile à la croyance en Dieu, il s'en faut, mais, se mettant à la recherche de l'infini de la divinité, elle déstabilisait la croyance aux dieux locaux : Socrate fut l'illustre victime de leur vengeance. Le christianisme naissant, après quelques hésitations, le sentit justement et se fit une alliée de la raison grecque – Josef Ratzinger a eu raison de le soutenir – autant pour combattre le paganisme et ses superstitions que pour explorer et penser les mystères de la révélation. Ce faisant, il fut, de loin, le principal transmetteur de la pensée grecque à la pensée européenne, qui en reçut le goût et l'élan d'une recherche infinie, ainsi que l'a reconnu Edmund Husserl en dénonçant la crise des sciences européennes en voie de perdre le sens de l'infini, suite à l'éclipse de la pensée croyante.

Eric Weil a écrit que la seule tradition de l'esprit occidental est celle du changement : de la recherche, de l'innovation. On pourrait en déduire qu'il n'est pas un terreau favorable aux religions, qu'il introduit en elles un facteur d'instabilité – et l'on n'aurait pas tort de le penser. On ne devra pas en conclure trop vite à une incompatibilité foncière entre la nouvelle culture européenne et le christianisme. Jésus n'a légué à ses disciples ni rituel ni code législatif ni corpus doctrinal ni enseignement écrit, rien qu'ils n'auraient plus qu'à répéter et qu'ils devraient immuablement conserver – rien que la perpétuelle nouveauté d'une Bonne Nouvelle à annoncer, son « Évangile », illustrée par des paraboles à déchiffrer inépuisablement. C'est pourquoi le christianisme a pu se lier sans contradiction à l'inventivité de la pensée grecque. Il a dû cependant se doter des structures de la religion pour s'implanter dans le monde et durer. Dans la suite des temps, il s'attacha à ces structures où il trouvait sa sécurité, la force de son pouvoir, la garantie de sa durée et de son identité ; il enferma l'Évangile sous la garde de son Magistère, et ne sut pas entendre à temps les gémissements de ses fidèles qui aspiraient à chercher Dieu sans entraves ; il entreprit d'enfermer pareillement la pensée grecque dans un système clos et ne comprit pas pourquoi elle rejaillissait ailleurs en philosophie de la liberté et se retournait contre lui. Ainsi se rompit le fil de la transmission ; impuissante à se réinventer, la religion chrétienne se vida lentement de ses forces, et la civilisation européenne, disloquée, perdit de vue le pôle infini de sa recherche du sens.

Mais l'Évangile reste à l'Église comme principe inépuisable de régénération. Se replongeant dans sa nouveauté, elle saura interpréter « les signes des temps », comprendre la raison des changements qui se sont produits dans le monde, renouer la communication avec lui sans se conformer à la pensée du monde, remplir envers lui sa mission, qui est de nourrir la culture de l'esprit évangélique. Son avenir est dans la liberté que l'Évangile lui ouvre.

À ce propos, que faire de tous ces chrétiens, et notamment de tous ces catholiques devenus doublement orphelins : orphelins d'abord dans une société où « Dieu est mort » pour faire bref – où du moins la notion de ce que vous appelez le « bien connu » de Dieu est morte, et sans doute pour longtemps ; orphelins ensuite en ce qu'ils ne se retrouvent plus dans la tradition *telle* qu'elle est portée, gardée, protégée par l'institution religieuse ? D'ailleurs peut-on seulement parler dans le champ chrétien d'*une* tradition ? N'y aurait-il pas plutôt une pluralité de traditions ?

J'ai déjà répondu partiellement à la seconde partie de votre question : oui, il y a une tradition chrétienne, et il y en a plusieurs, mais pas au même sens fort du mot. Il y en a une seule, celle qui fait qu'une multitude de gens, de provenances, de sensibilités, d'intelligences très diverses se reconnaissent chrétiens ; on pourrait l'énoncer dans une formule de la première moitié du deuxième siècle dans laquelle se reconnaîtraient encore aujourd'hui des chrétiens de toutes langues : c'est la règle d'adresser nos prières à Dieu notre Père par Jésus Christ son Fils, notre Sauveur, dans l'Esprit Saint qui habite en nous et nous rassemble dans la même foi. Et puis, il y a des traditions différentes, plus anciennes ou plus récentes : catholiques, orthodoxes, réformées, que je mets au pluriel parce que chaque groupe se subdivise en plusieurs branches, par exemple syriaque ou chaldéenne chez les catholiques, grecque ou russe chez les orthodoxes, luthérienne ou calviniste chez les réformés, et je suis loin d'avoir fait le tour des Églises autonomes. Toutes ces traditions sont caractérisées par des pratiques liturgiques, des types d'organisation, des énoncés dogmatiques différents, des particularités historiques, linguistiques, locales, et souvent aussi – hélas ! – par de lourds contentieux qui les opposent les unes aux autres, sans que cela brise l'unité foncière qui les fait tous croire au même Dieu qui s'est manifesté en Jésus par le don de l'Esprit sanctificateur.

Mais comment se situer par rapport à des dogmes qui à l'évidence ne font plus sens aujourd'hui – ne font plus sens en ce qu'ils ne sont plus audibles, plus compréhensibles ?

Je vois bien que vous visez plus particulièrement les traditions dogmatiques de l'Église catholique, et vous demandez quoi répondre aux fidèles qui les trouvent incompréhensibles. Admettez d'abord que la prédication et la catéchèse n'abusent généralement pas des abstractions dogmatiques, malgré la prédilection que de hautes autorités leur accordent. Ensuite, conseillez à ces chrétiens de ne pas s'en encombrer et de se contenter de lire et d'étudier les évangiles, qui présentent aussi des difficultés, mais d'une autre nature ; aux plus éveillés, proposez des publications, il en est de tous niveaux, où ils trouveront des explications à leur portée. Après tout, les difficultés d'ordre intellectuel sont le contrecoup de la richesse et de la profondeur de la pensée chrétienne, qui s'est confrontée au cours des siècles aux systèmes philosophiques les plus élevés, et il serait ruineux d'expulser ces doctrines pour le seul prétexte que les esprits modernes y répugnent.

Ma réponse risque de vous paraître un plaidoyer *pro domo* du théologien que je suis, et je m'empresse d'avouer que les abstractions que vous dénoncez me causent à moi aussi de graves problèmes, peut-être insolubles, non seulement à cause de leur formulation, mais au niveau même des doctrines exprimées : trinité, incarnation, rédemption... Quand j'y réfléchis en m'impatientant de ne pas y voir clair, je me dis : attention, ces mots-là expriment le propre de la foi chrétienne et, si on décide de s'en passer, on risque de la vider de ce qu'elle a de spécifique et de la réduire à une vague spiritualité. Alors, je m'attache et je m'en tiens à ce qu'ils veulent dire : que Dieu est amour, qu'il a voulu partager notre condition, pour nous communiquer sa sainteté et sa vie – des réalités très simples, mais immenses.

J'en viens enfin à la première partie de votre question : « que faire de ces catholiques orphelins dans une société où Dieu est mort », y compris, ajoutez-vous, « le bien-connu de Dieu » ? De cela, je suis moins sûr que vous : certes, notre monde est plein de gens pour qui le nom de Dieu ne représente plus rien de vivant ni de sensé, mais précisément parce qu'ils ont cessé de le référer à la personne de Jésus et à la manière typique dont Jésus parle de Dieu, de telle sorte que ce nom ne recouvre plus pour eux que la vieille, universelle et vague idée de l'être tout-puissant censé régenter les affaires humaines et qui s'en occupe si mal qu'on ne perd rien à cesser de penser à lui. – Mais en quel sens les chrétiens se sentent-ils « orphelins » dans ce monde ? Je répondrai, quant au premier point : qu'ils en prennent leur parti en relisant ce que dit saint Paul de la condition de faiblesse et de folie où Dieu s'est mis en se liant à la croix de Jésus, condition à laquelle le « langage de la Croix » réduit semblablement les chrétiens. Voilà qui sort du « bien-connu » de Dieu ! Quant au second point, ils ne doivent pas se désolidariser du monde qui rejette leur foi, mais tenter de lui en donner une plus juste idée par leur manière de vivre, travailler avec lui à conjurer les maux qui l'assaillent, et lui insuffler l'esprit de l'Évangile qui le remettra sur la route du Royaume de Dieu.

Ne pensez-vous pas, tout de même, que le Magistère de l'Église pourrait laisser à sa tradition plus de facilité d'adaptation au monde moderne et reconnaître à ses fidèles une plus grande liberté pour l'interpréter ?

Certes. Vatican II l'avait admis et avait commencé de le faire, mais des orientations postérieures ont paru et paraissent faire marche arrière. Dans l'institution catholique, le Magistère romain tend à réduire toute diversité et prétend être le seul interprète de la tradition, ce qui laisse peu d'initiative à l'ensemble de la hiérarchie et rend très difficile de faire bouger les choses. La tradition est fixée par l'autorité suprême, qui se réserve également le droit de fixer le sens de l'Écriture, en sorte que le pouvoir n'a plus d'autre régulation que la succession de ses propres décisions éclairées par la lumière de l'autorité divine. Alors que *normalement,* c'est-à-dire ainsi que cela se passait aux premiers siècles, l'Écriture représente l'autorité souveraine de la foi, telle qu'elle est interprétée par la prédication continue et universelle des pasteurs de l'Église, solidairement successeurs du collège des Apôtres. Le Pontife romain n'intervient normalement, au sommet de la chaîne, à son titre de gardien de l'unité de l'Église et de garant de la continuité de sa tradition, que pour trancher les différends qui surgissent entre les Églises dont la communion constitue l'Église universelle, et il le fait, en s'entourant normalement du concours de l'ensemble des évêques dont il est solidaire, en éclairant le différend qui vient de surgir à la lumière de la tradition venue jusqu'à ce jour, en telle manière qu'il accepte d'être lui-même jugé par la tradition dont il juge les contrariétés et les développements.

La tradition, en effet, n'est rien d'inerte et d'immuable, elle n'est pas un document d'archive, elle ne s'arrête jamais, car elle est vivante, elle est la foi au Christ, proclamée par les Apôtres, à jamais consignée dans les Écritures, perpétuellement éclairée par l'Esprit Saint qui guide les croyants vers la vérité plénière. Pour ce motif, elle n'est la propriété de personne, elle ne fait pas autorité séparément des Écritures dont elle dit le sens, elle n'est pas la seule voix de l'autorité ecclésiastique, car elle exprime aussi la foi dont vivent les fidèles. La tradition de l'Église inclut le *sens de la foi des fidèles (sensus fidei* ou *fidelium),* dont Vatican II, en dernier lieu, a reconnu la valeur et la vérité ; ce sens de la foi qui est le sentiment, l'assentiment, la pensée, l'intelligence, le jugement des fidèles, donc aussi bien des laïcs, sur le plus essentiel de la foi, parce qu'ils sont tous éclairés par l'Esprit Saint, directement car il habite en tous également, en même temps qu'indirectement par l'enseignement *autorisé* des évêques. Il se produit donc *normalement* une *circulation* de la foi entre Écriture, fidèles, évêques et pape, qui constitue ce que nous appelons *la* tradition.

Mais l'Église romaine a pris l'habitude au cours des temps de se considérer comme une institution exclusivement hiérarchique et monarchique. Les évêques parlent au titre d'enseignants et de juges de la foi *sous* l'autorité du pape, et les fidèles sont privés de voix. Il s'ensuit que l'autorité des évêques en tant qu'interprètes de la tradition, au titre de témoins de la foi reçue dans leur Église (locale), n'est pas pleinement honorée, et que le *sens de la foi* des fidèles n'est pas écouté. Finalement l'autorité de l'évêque est solidaire de sa capacité de représenter la voix de son peuple ; mais, pour que cette voix soit entendue, il faudrait que le peuple soit consulté de façon responsable. Vatican II avait entrepris de remédier à ces défauts de représentativité, à différents degrés, qui exténuent l'autorité de l'Église locale en étouffant la voix du peuple chrétien, par le rappel des principes de subsidiarité et de collégialité et par l'institution, à différents échelons, de synodes d'évêques, de synodes diocésains, de conférences épiscopales, et aussi de conseils diocésains et paroissiaux où des laïcs seraient présents. Mais l'autorité romaine n'a pas tardé à faire prévaloir le principe monarchique et l'hégémonie du pouvoir consacré.

L'établissement d'un dialogue interprétatif de la tradition entre le pouvoir religieux et les communautés de fidèles me paraît être la condition nécessaire à la survie de l'Église dans les sociétés démocratiques modernes. Parce que les fidèles continueront à la quitter tant qu'elle ne leur reconnaîtra pas le droit à la parole dont jouissent les citoyens dans la société politique, et que la vitalité de l'Église est liée au degré de responsabilité de ses membres ; et parce que le monde n'entrera pas en dialogue avec elle et n'écoutera pas ses enseignements tant qu'elle n'agira pas en société de plein droit, respectueuse de la liberté et de la dignité de ses membres. Autrement dit, un minimum de jeu démocratique est nécessaire à l'Église, non qu'elle tienne sa légitimité du peuple qu'elle rassemble, mais parce qu'elle ne peut exercer son autorité en pleine légitimité sans respecter la responsabilité de ses membres à l'égard de leur être-chrétien.

Comment définiriez-vous les besoins contemporains de l'Église en matière de démocratie, et quels modes de fonctionnement adaptés préconiseriez-vous ?

Je me garderai bien de donner des précisions en la matière, non par peur de me compromettre, car je fais suffisamment connaître mes positions, mais parce que je n'entends pas faire ici un cours de théologie et que je ne me sens pas qualifié pour esquisser à moi seul un « modèle » d'Église. J'élabore une réflexion, à d'autres de se mettre au travail.

Et à votre avis, jusqu'où le croyant, dans une tradition particulière, peut-il aller dans la redéfinition du langage, des symboles et des gestes de sa foi ou de sa tradition ?

Le mot « redéfinition » sera mal accepté, dans la mesure où le magistère de l'Église se réserve le droit de la « définition ». S'il s'agit de *réinterpréter* une « tradition particulière », ce que je comprends au sens d'un point de doctrine ou de discipline ou de pratique sacramentelle, elle est supposée reçue et acceptée dans sa conformité à *la* tradition universelle, ayant seulement besoin d'être repensée en fonction des temps nouveaux ou d'un nouveau problème. *Un* croyant, pris isolément, n'a aucune autorité pour le faire de son propre chef, ce ne peut être que l'œuvre d'une communauté régulièrement constituée et consultée, ce qui renvoie à la question précédente. S'il s'agit d'un changement d'importance, comme vous semblez l'envisager en parlant de redéfinir le langage et les gestes de la foi, seule une assemblée de l'Église locale aurait la capacité de s'y atteler avec l'agrément de son évêque ; et plus la question sera importante et débordera le cadre de cette Église, plus elle sera renvoyée à des instances supérieures, pour conjurer un danger d'émiettement sinon de déchirure du langage symbolique de la foi universelle. Et ne méconnaissez pas que la pensée est en cause quand on parle du langage ou du geste, pour la foi comme en tout autre domaine. Dès que vous demandez « jusqu'où le chrétien peut aller », vous vous situez sur le terrain du droit, et vous ne pouvez pas éviter l'intervention de la hiérarchie, gardienne de ce droit.

On a l'impression d'être prisonnier d'une alternative stérile dans ses deux termes : la jungle ou le régiment – la jungle qui serait en quelque sorte le fait pour chaque croyant de s'inventer sa propre religion, et le régiment qui a largement partie liée avec la situation actuelle, en tout cas dans le champ catholique. N'y aurait-il pas un juste milieu ?

Cette situation n'est pas propre exclusivement au champ catholique, même s'il est plus grave chez lui qu'en d'autres sociétés où fonctionnent des régulations démocratiques. Un seul individu, ni même un groupe particulier, ne peut pas décider de changer du jour au lendemain les règles du jeu de la vie en société, règles de bienséance et de civilité, codes langagiers, principes du droit et de la justice, etc., ni pour son propre usage, ni à plus forte raison pour l'imposer aux autres ; ce serait le chaos et il serait vite rappelé à l'ordre. Un individu ou un groupe chrétien ne peut le rester s'il se met en dehors de la communion des chrétiens, que nous appelons corps du Christ, et s'il va à l'encontre de l'histoire qui l'a fait chrétien, ce que nous appelons *la* tradition de la foi.

Il est vrai que, dans la société civile, un individu ou un groupe a des moyens de faire évoluer les choses, même en profondeur, sans ébranler la société ni être rejeté par elle : par des élections ou par des campagnes d'opinion publique. Un catholique est privé du premier moyen, il n'est pas totalement dépourvu du second : il est possible de créer une opinion publique dans l'Église, par la participation aux conseils où sont admis des laïcs (et on pourrait demander que cela se fasse par des élections régulières), par des associations de fidèles (reconnues par le droit ecclésiastique, dit *droit canon*), par la presse et les autres moyens de communication (catholiques ou autres). De plus, il n'est pas tout à fait exact de dire que, dans le camp catholique, il n'y a pas d'intermédiaire entre la jungle ou le régiment, disons entre une liberté de parole laissée à chacun et le monopole de la parole par la hiérarchie : il y a le champ du discours théologique, où s'élabore un langage de propositions alternatives.

Je prends ici le mot « théologie » au sens large qui englobe l'ensemble des disciplines appelées « sciences ecclésiastiques » : dogme, exégèse, liturgie, droit canon, histoire de l'Église, théologie des religions, morale, etc. Tous les théologiens n'ont pas la même ni une pleine liberté de parole et d'écriture ou ne savent pas la prendre. Il n'empêche que, dans l'ensemble, ils tiennent un langage différent de celui du Magistère, non celui qui est fixé par l'autorité et la tradition, mais celui qui est élaboré et imposé par la réflexion et la science, qui ne dit pas la même chose que le premier ou qui le dit différemment, qui souvent n'est pas d'accord avec le premier, mais le contredit ou le corrige sur des points importants, et qui *propose* donc une autre manière, nouvelle mais plus juste, de tenir tel point de la foi et de l'enseigner aux fidèles. Par exemple, les théologiens montreront que le dogme du péché originel, tel qu'il est enseigné, ne peut s'appuyer en vérité ni sur les Écritures dont il se réclame ni sur la plus ancienne tradition et, en prouvant le vrai sens des textes de référence, en cherchant les motifs pour lesquels et l'intention dans laquelle l'Église avait défini ce dogme, ils indiqueront une autre, une vraie manière de le comprendre qui sauvegarde la foi qu'elle y avait engagée.

Je soulignerai encore que de nombreux théologiens, aujourd'hui, parmi lesquels, fait notable, il y a de plus en plus de femmes et de laïcs, ne se tiennent plus enfermés dans leurs lieux d'étude et d'enseignement, mais viennent volontiers à la rencontre des fidèles, avec lesquels ils sont souvent aussi engagés dans des tâches pastorales ; ils partagent leur incompréhension ou leur indignation face à certaines doctrines ou décisions, anciennes ou récentes, de l'autorité ecclésiastique, ils leur communiquent en termes plus simples leurs connaissances et leurs réflexions, ils cherchent à exprimer dans leur propre discours les pensées et sentiments des fidèles plus qu'à servir de relais auprès d'eux de la parole magistérielle, ils offrent réciproquement aux fidèles la possibilité de s'exprimer en connaissance de cause sur les points qui leur tiennent le plus à cœur, et qui sont souvent des questions d'éthique, de discipline sacramentelle, de liturgie ou de vie en Église sur lesquelles ils ont une expérience directe qui leur donne le droit d'en parler.

Ainsi pourrait naître dans l'Église une opinion publique bien informée et réfléchie qui jouirait d'un droit de cité incontestable, puisqu'elle exprimerait, dans la bouche des laïcs comme sous la plume des théologiens, le vrai sens de la foi des fidèles (*sensus fidelium*) dont nous avons parlé, partie intégrante et innovante de la tradition de la foi. Ainsi se ferait une circulation du discours de la foi entre l'autorité, qui rappelle ce qui s'est toujours dit ou fait, les théologiens, qui montrent que cela s'est dit ou fait tout autrement et pourrait donc être compris très différemment, et les communautés chrétiennes, qui se réclameraient de leur expérience de la vie de la foi et de la vie du monde, éclairée par l'Esprit Saint, pour suggérer des changements de langage ou de pratique.

Il y a un chemin consistant à partir de l'acquis de la religion, des dogmes, et de mettre la réflexion théologique, plus dynamique que celle de la hiérarchie dont la connaissance est plus figée, au service de la commu-

nauté. Un autre chemin pour le théologien serait de partir des questions essentielles, fondamentales qui se posent à nous aujourd'hui. Donc, pour forcer le trait, la théologie ne pourrait-elle pas fonctionner autrement qu'en apportant des réponses à des questions qui n'ont pas été posées ?

Le théologien en principe se préoccupe de ce que pensent les gens aussi bien dans la société sécularisée que chez les chrétiens. Il veut être à l'écoute, même si ce n'est pas lui qui va donner le *la*. Il permet des évolutions. Les communautés chrétiennes sauront lui indiquer dans quel sens faire ces évolutions. Le savant exégète ou théologien peut être un peu enfermé dans ses vieux livres et avoir besoin d'être rappelé aux choses concrètes par la communauté qui lui indiquera ses vrais problèmes, et la circulation se fera. Ainsi l'Église entrera dans le débat qui a cours dans le monde, entrera en débat avec lui, par l'intermédiaire des fidèles qui vivent dans le monde et en parlent le langage. Et c'est cela qui lui permettra de se mettre au service du monde et de rendre un vrai service d'humanité. À cette condition seulement, elle gardera sa place dans l'histoire, sinon, elle ne survivra plus qu'à l'état de secte.

La difficulté sera grande pour l'Église d'entrer en dialogue avec un monde où l'idée même de Dieu n'a plus de sens, ne rencontre plus d'écho. Comment s'y prendra-t-elle ?

La question a déjà été évoquée, et je crois avoir répondu que le nom de Dieu ne prend sens, même pour nous, chrétiens, que lorsque nous nous mettons à sa recherche, c'est-à-dire quand il nous fait question, même si c'est dans la prière. Ou encore, Dieu prend sens quand nous nous posons la question du sens, du sens de l'existence, de la vie, de l'humanité, de l'histoire. Question de Dieu, question du sens, c'est peut-être la même. Une question qu'on se pose généralement dans le malheur ou face à la mort, quand s'écroulent nos rêves, ou que s'effondrent les plus solides institutions auxquelles l'histoire a donné naissance, telle l'Église aujourd'hui, ou quand les jeunes générations inventent la vie à l'envers de ce que fut la nôtre. Regardez Job : quand s'abattent sur lui les malheurs, plus rien n'a de sens pour lui et il intente un procès à Dieu, il lui fait des reproches, ce qui veut dire que le nom même de Dieu a perdu sens pour lui, alors pourtant qu'il ne le renie pas. De nos jours, dans des circonstances semblables, des incroyants se mettent à blasphémer Dieu, ce qui revient à lui donner existence pour eux sous le mode de le nier. Être sérieusement à la recherche du sens est une manière authentique de chercher Dieu.

Attention : j'ai dit « sérieusement » et en présupposant que le sens vrai et définitif, c'est Dieu. Mais on peut se poser la *question* du sens sans se mettre vraiment en *recherche* du sens et sans aller au bout de la recherche, qui exige de se mettre soi-même en question, sans quoi on est encore loin d'être en quête de Dieu. De même qu'on ne se pose pas en vérité la question de Dieu si elle ne nous entraîne pas à une recherche du sens qui peut ébranler les fondements de notre existence. Admettons aussi que la recherche de Dieu reste oiseuse si elle ne conduit pas à interroger ceux qui témoignent qu'ils l'ont rencontré, et à interroger l'histoire qui affirme avoir gardé les traces de sa révélation.

Mais le visage de Dieu apparaît-il avec évidence dans la Bible ? A-t-il le même sens sous l'ancienne Alliance et sous la nouvelle ? Et comment le communiquer ?

Dans le monde païen de l'Antiquité, les dieux prenaient figure d'êtres tout-puissants quand ils procuraient la victoire à leur peuple contre leurs ennemis, ce qui n'empêchait pas le peuple vaincu de continuer à croire à son dieu : s'étant identifié à lui, il ne pouvait le renier sans se renier lui-même – revanche de la question du sens. Dans les premiers temps de l'Ancien Testament, Dieu était le maître souverain qui punit les méchants et comble les justes de biens ; puis cette idée ne fonctionna plus, et les prophètes retournèrent le regard du peuple vers l'avenir, vers la venue de Dieu. Dans le Nouveau Testament, Dieu s'est mis de lui-même en question en se révélant dans un homme crucifié, et le chrétien doit en passer par cette mise en question pour le reconnaître dans la vérité qu'il s'est donnée dans l'histoire. Et il ne cessera jamais d'être mis à la question : c'est ce que Paul appelle, je l'ai signalé, le scandale de la Croix.

Alors, comment communiquer un sens dont nous sommes si mal assurés ? J'oserai répondre par un nouveau paradoxe : si nous-mêmes, croyants, nous ne sommes jamais si bien assurés de la vérité de Dieu qu'en nous mettant, encore et toujours, à sa recherche, nous ne pouvons mieux communiquer le sens de Dieu qu'en initiant à notre recherche ceux qui se disent incroyants. Non en les accablant des démonstrations qui ne nous convainquent pas vraiment, ni des certitudes que nous sommes loin de posséder paisiblement, mais en ne leur dissimulant pas les questions que nous nous posons, ou plutôt qui s'imposent à nous, en ne prétendant pas apporter de réponse aux leurs, mais en leur montrant quand même comment la foi en Jésus nous maintient sur les traces de Dieu. Il n'y a pas d'homme qui ne croie à quelqu'un ou à quelque chose, pour lequel ou laquelle il sacrifierait éventuellement sa vie. Au bout du croire, au terme infini de sa recherche, il y a celui ou ce qui la suscite, Dieu.

Le malheur c'est celui-ci : une société de plus en plus fermée au sens de Dieu gardera-t-elle longtemps le souci du sens ? La recherche du sens suppose une intelligence ouverte sur un certain horizon de transcendance, en laissant au mot « transcendance » le sens le plus vague possible. Une transcendance qui s'impose à l'homme en tant qu'homme. Sinon, va-t-on définir l'homme en soi uniquement par la satisfaction de ses besoins temporels ? La science va-t-elle remplacer Dieu ? Et quelle science ? Longtemps la science et la foi ont cheminé de concert. La science débutante de l'univers, qui a ébranlé la vérité biblique, restait liée à la foi chrétienne et ne cherchait pas à la remplacer. Mais vint un temps, au XVIIIe siècle, a écrit un historien de cette période, où les hommes se sont détournés des « fins dernières et surnaturelles » pour se préoccuper, de plus en plus exclusivement, des fins temporelles et naturelles. Les soucis matériels finiront-ils par extirper de l'homme tout sens du transcendant et alors que deviendra l'humanité ? Cette question est pour moi aussi grave que celle de l'avenir de l'Église, et la seule éventualité d'un avenir de l'humanité en perte totale du sens de la transcendance s'identifie dans mon esprit à la radicalité de la question de Dieu.

Qu'est-ce à dire ?

J'ai déjà essayé de m'en expliquer, mais je n'entreprendrai pas de définir le mot « Dieu » pour la simple raison qu'il n'est pas définissable. De nombreux théologiens ont écrit qu'on peut raisonnablement affirmer que Dieu existe, mais non pas dire ce qu'il est, car sa nature nous est inconnaissable. Tous ceux qui posent la question de Dieu (existe-t-il ? qui est-il ? qu'est-il ? à quoi sert-il ? qu'avons-nous à faire avec lui ? etc.) ont forcément une certaine idée de Dieu en tête, sans quoi ils ne se poseraient pas de question sur lui ou leur question serait dépourvue de sens. Le mot de Dieu existe dans toutes les langues. Qui l'a inventé ? Nul ne peut le dire. Les premières personnes que les Grecs ont appelées « théologiens » étaient aussi nommées « mythologues », des gens qui avaient recueilli les vieux « mythes » transmis par les anciens depuis des temps immémoriaux. Dans les plus vieilles langues du monde, Dieu est un nom commun donné aux divinités nationales qui jouissent d'un nom personnel : Zeus chez les Grecs, Mardouk chez les Babyloniens, Yahvé chez les Hébreux, etc. Jésus a donné à Yahvé un nom personnel qui est le plus commun parmi les hommes, mais le plus personnifié de tous, celui de Père. Alors, ne reprochez pas aux théologiens d'employer ce mot à tout bout de champ sans que quiconque comprenne de quoi ils parlent.

Dieu, c'est ce qui est au-delà de tout ce qu'il y a de plus grand, de plus puissant, de plus redoutable, de plus respectable, de meilleur, de plus digne d'amour, de plus désirable, et c'est donc aussi la source de toute puissance, de tout respect, de tout amour ; c'est l'au-delà de toute transcendance, c'est ce qui se cache dans tout ce qui transcende le possible et le désirable, dans ce qui dépasse nos possibilités et nos désirs. C'est pourquoi je disais ma crainte que la perte de Dieu n'entraîne la disparition de tout sentiment de la transcendance.

Pour vous, il ne serait donc pas possible de se donner un horizon ou une transcendance sans référence à Dieu ?

Un horizon infini, par exemple le respect illimité de la personne humaine, une transcendance absolue, qui pourrait m'imposer le sacrifice de ma vie, oui, je crains que cela ne serait pas possible si Dieu disparaissait totalement du paysage qui nous est familier. Mais je m'exprime peut-être mal. Je ne veux pas dire que personne n'est capable de respecter son prochain inconditionnellement, ou de mourir pour les plus nobles causes, si la pensée de Dieu ne l'habite pas. Je veux seulement dire que le sentiment de la transcendance, qui inspire aux hommes les plus hautes obligations morales, le sens de la dignité humaine, le respect des valeurs, les sacrifices les plus difficiles, risquerait de disparaître, si le nom de Dieu venait à perdre tout sens et toute présence dans la pensée et le discours des hommes.

C'est pourquoi je souhaite qu'il y ait toujours des croyants et des chrétiens pour entretenir dans l'ensemble de l'humanité le sens de la transcendance, car c'est la foi en Dieu qui entretient chez les hommes l'idée d'infini et d'absolu sans laquelle le sentiment du transcendant perd de sa vigueur et la recherche du sens finit pas disparaître. Il n'est pas nécessaire que tous les hommes croient en Dieu pour cela, mais qu'ils puissent être confrontés, quand le besoin s'en fait sentir, au surgissement en eux d'un appel à se transcender, grâce à la présence de croyants et de chrétiens qui ne cessent de répandre l'idée d'infini et d'absolu dans les circuits des communications interpersonnelles. Car on observe couramment à quel point les idées de justice, des droits de la personne, de la dignité de la nature humaine, de solidarité, etc. peuvent se limiter et se dégrader, quand la préoccupation majeure n'est plus que de se défendre les uns des autres pour assurer la plus grande sécurité et les plus grands profits de chacun.

A-t-on vraiment besoin d'une notion de transcendance ou plus précisément de Dieu pour promouvoir ces valeurs-là, ces combats-là ?

Non, si vous en restez au particulier, au circonstanciel et au quantitatif, par exemple, si vous calculez le montant nécessaire à une retraite décente des vieux travailleurs en prenant en compte la durée et la pénibilité de leur travail, ou quand les élus de la nation discutent pour savoir si le pays est assez riche pour procurer une couverture maladie universelle. Mais si vous raisonnez en termes de justice, de solidarité, de dignité de la personne humaine, vous vous heurtez à des principes qui s'énoncent comme des impératifs absolus et universels, à l'idée de l'Homme qui se présente comme une fin en soi, et vous éprouvez là le sentiment d'une transcendance que vous ne pouvez pas limiter à votre gré sans nier implicitement ce qui vous fait homme. Alors, je ne prétends pas que vous devez avoir l'idée de Dieu, vous personnellement, pour respecter cette transcendance, je dis seulement qu'il faut que cette idée soit là quelque part dans l'air que vous respirez, dans la tradition que vous portez, dans la société que vous fréquentez, pour que cette transcendance soit respectée dans toute sa force, sans entrave, pour qu'elle se maintienne dans l'esprit des hommes et se transmette aux générations futures. Et pour qu'il en soit ainsi, il faut bien qu'il y ait quelque part autour de vous des croyants et des chrétiens qui témoignent de la foi en Dieu et raniment son obsédante Présence dans le dialogue infini par lequel les hommes communiquent les uns avec les autres à travers le temps et l'espace.

Je ne tiens pas ce langage uniquement parce que je suis croyant et chrétien. Je le tiens pour une raison plus objective et factuelle : parce que les hommes ont toujours et partout cru en Dieu depuis les origines de l'humanité raisonnante jusqu'aux Temps modernes. N'en déplaise aux athées militants, c'est en priant Dieu que s'est faite l'éducation de l'humanité, que s'est forgée l'idée de l'Homme. S'ils objectent que l'humanité finira bien par se débarrasser d'une idée de Dieu qu'elle a elle-même formée et qu'elle ne s'en portera pas plus mal ou plutôt mieux, ce n'est là qu'une hypothèse, que l'avenir vérifiera peut-être, mais qui ne s'appuie sur aucun fait et que les essais historiques de sociétés sans Dieu et les progrès de l'incroyance dans nos sociétés occidentales sont loin de confirmer, tandis que ma crainte d'une dégradation de l'humanité, autrement dit d'une perte de transcendance, par l'effet de la disparition de l'idée de Dieu s'appuie sur la réalité de l'histoire venue jusqu'à nous.

J'admets volontiers qu'on m'objecte que les religions, celles du présent comme celles du passé, la chrétienne comme les autres, ont causé aux hommes de nombreux maux, suscité de cruelles guerres, et qu'elles ne professent pas un respect de l'homme parfait en tous points. Mais je rappelle que je ne confonds pas foi et religion ; je sais que la foi a besoin de s'exprimer dans une religion, mais c'est la foi qui fait vivre la religion, et non l'inverse, comme le montre le déclin religieux de notre temps dû à l'effondrement des croyances. Voilà pourquoi je n'appelle pas à la sainte alliance des religions du monde contre l'athéisme. J'envisage même la possibilité de leur disparition, non complètement, mais sous leurs formes actuelles d'institutions juridiques transnationales régentant un vaste ensemble de personnes, implantées dans la société en tant qu'organismes sociaux et cultuels dotés de droits publics, et ambitionnant même d'imposer leurs principes à l'ensemble de la société politique et civile comme elles ont pu le faire dans le passé. Cela ne doit pas empêcher que s'établisse un dialogue entre les religions, non pour se renforcer par un appui mutuel, mais pour puiser dans leurs croyances respectives, sans chercher à les mélanger, de quoi défendre une haute idée de l'homme et guider et soutenir les débats et les combats des peuples pour un avenir meilleur de l'humanité.

Cette idée de Dieu, comment la feriez-vous partager à nos contemporains ?

Je ne chercherai pas à répandre directement l'idée de Dieu, mais l'idée d'une humanité inspirée par ma foi au Dieu qui se révèle dans l'Evangile, au Dieu amour, au Dieu pauvre, au Dieu charnel aussi, au Dieu incarné. Ma foi en Dieu n'est pas abstraite, elle n'est pas la simple croyance à l'existence de Dieu, elle est inséparable de ma foi en l'humanité, en sa dignité et en son avenir, puisqu'elle me donne de croire en un Dieu qui appelle tous les hommes à se rassembler entre eux dans son amour et, au terme, en lui-même dans sa vie éternelle. Mon idée de Dieu n'est pas isolable de son « projet » à l'égard des hommes, révélé par l'Évangile, ni mon amour de Dieu de mon amour pour mes frères humains. Cela dit, je n'hésiterai pas à parler de Jésus et de son Père à qui m'y paraîtrait disposé, mais toujours sous un horizon d'humanisme, et non en termes de théologie abstraite ; et je compte avant tout sur l'idée de l'homme que développe l'Évangile, d'abord pour ranimer et maintenir le sens et le souci de la transcendance parmi les hommes d'aujourd'hui, ensuite pour susciter en eux la question de Dieu.

En d'autres termes, cette idée de Dieu serait davantage accessible à la société – croyants et non-croyants – à travers une narration qu'à travers des contenus dogmatiques ?

Exactement, à travers les récits évangéliques, qui montrent comment Jésus fréquentait toutes sortes de personnes et s'entretenait avec elles, leur parlait de leur vie concrète et de leurs soucis journaliers, souvent en « paraboles », c'est-à-dire en leur racontant des histoires toutes proches de ce qu'eux-mêmes vivaient, en quels termes il évoquait les problèmes de la société de son temps, quels conseils de vie il leur donnait, quels étaient ses rapports avec les autorités politiques et religieuses, avec les différentes classes de la société, avec les malades et les exclus. Par exemple les repas de Jésus avec les « pécheurs » de son temps, qui étaient des catégories sociales de personnes exclues de la communauté religieuse parce qu'elles n'en pratiquaient pas les lois et les mœurs, contiennent des enseignements très forts sur la religion et la société. D'une manière générale, d'ailleurs, Jésus ne tenait pas des propos abstraits sur Dieu, il ramenait volontiers l'amour et le service de Dieu à l'entraide fraternelle, au pardon des offenses, au don gratuit, au partage, et c'est ainsi que ses enseignements sont porteurs d'un véritable humanisme.

C'est aussi pourquoi les chrétiens communiquent aux autres leur sens de la transcendance et de Dieu par le témoignage de leur vie et l'assistance à ceux qui en ont besoin plus que par de beaux discours. Par exemple, quand je vois des chrétiennes consacrer leurs loisirs à l'alphabétisation d'enfants maghrébins et africains, ou à des organismes sociaux qui aident des familles récemment immigrées à s'intégrer à la vie de la cité, et cela sans faire de propagande religieuse et sans le faire ostensiblement en tant que chrétiennes, je me dis qu'elles témoignent de Dieu autant qu'un théologien par de savants discours.

Cet enseignement évangélique est en contradiction totale avec la vision actuelle de l'Homme envisagé comme un « homo œconomicus » mû par le seul appât du gain !

Certainement. Cela imposerait de nos jours au chrétien de réfléchir à ce qu'on appelle le néolibéralisme, qui ne saurait fonder les bases d'une société vraiment digne de l'Homme. Le magistère de l'Église est souvent intervenu dans le domaine social, économique ou politique ; il lui est cependant difficile de se prononcer solennellement sur des questions qui réclament une grande technicité et où on lui reprocherait facilement un manque de compétence. Il est de la responsabilité des chrétiens de créer un courant d'opinion pour dénoncer les abus qui entraînent tant de misère pour tant de gens.

Le libéralisme politique est né de l'expérience qu'une société fondée sur la religion est violente – les guerres de religions en Occident sont là pour en témoigner. Mais la société libérale a évacué, avec le religieux, la vision anthropologique forte qui reliait les hommes ; elle ne repose plus que sur une vision très pessimiste de l'être humain, fondée sur l'égoïsme, la compétition, une nouvelle guerre de tous contre tous...

Je n'en conclurai pas qu'il faut rétablir la religion parce que sa disparition fait du tort à la société. On peut le penser, non en faire un credo. Vouloir redonner du pouvoir à la religion serait dangereux dans le contexte de nos sociétés multireligieuses, car on verrait vite se ranimer les querelles dont vous venez de parler. Qu'il faille toujours laisser libre expression à la religion, ça oui ; Vatican II l'a reconnu et ce fut un grand pas vers l'acceptation de la modernité par le catholicisme. Le remède serait de changer l'esprit de la société ; mais il n'est pas sûr que ce soit l'affaire des religions, en tant qu'institutions trop tentées d'user d'autorité.

J'en reviens donc à ce que nous disions voici quelques instants : aux chrétiens de s'atteler à cette tâche au moyen de l'Évangile, qui est une école d'humanité, un code d'humanisme, et qui peut d'autant mieux être ainsi compris et présenté qu'il n'est lié en tant que tel à aucun code religieux. Jésus, en effet, n'a pas cherché à fonder une religion, il annonçait le Royaume de Dieu, un régime de justice, de paix et d'amour, auquel les hommes accèdent en se réconciliant les uns avec les autres et en se faisant les serviteurs les uns des autres. La religion chrétienne n'a pas pris la place de ce Royaume, à preuve que des chrétiens du IIe siècle présentaient le christianisme aux païens, à une époque où il n'avait pas rang ni pleine figure de religion établie, comme une « école de philosophie », la « philosophie du Logos (de la Raison divine) ». Certes, on trouve le nom de Dieu à chaque page de l'Évangile ; mais qu'on le prononce ou qu'on le taise, cela ne change rien à l'affaire : l'Évangile ne donne pas de préceptes de religion, il apprend aux hommes à vivre en hommes.

Quelques philosophes athées contemporains ont lancé l'idée d'une spiritualité sans Dieu. L'intention est excellente, et l'entreprise ne doit pas être rejetée *a priori*. Elle ne détournera pourtant pas le chrétien d'aller chercher la sienne dans l'Évangile, même s'il n'a pas l'intention de mettre le nom de Dieu en avant. Car l'Évangile est la source de toute la spiritualité occidentale. Un historien du XVIIe siècle, Jacques Le Brun, a prouvé l'apparentement de la morale kantienne de la « volonté pure » à la doctrine fénelonienne du « pur amour » (de Dieu) qui inspirait les mystiques du temps ; les philosophes des deux siècles suivants n'hésitaient pas à se réclamer de l'esprit de l'Évangile ; un contemporain, Maurice Merleau-Ponty, agnostique déclaré, a soutenu la pleine légitimité de la « philosophie chrétienne » et l'importance de la doctrine chrétienne de l'incarnation dans la philosophie occidentale. Le chrétien est donc bien placé pour régénérer l'esprit occidental dans l'esprit évangélique, sans faire de prosélytisme religieux, sans oublier non plus que Jean l'évangéliste a donné à

Dieu le nom d'Amour et à Jésus son Fils un nom venu de la philosophie de l'époque, celui de Logos (Verbe), c'est-à-dire de Raison ou de Sagesse.

Une telle assertion ne nous rapproche-t-elle pas de l'idée d'une « religion de l'humanité », dans laquelle pourraient communier tous les hommes et femmes de bonne volonté ?

Si vous le voulez, mais pourquoi employer le mot « religion » ? Et n'oubliez pas les avatars de la religion saint-simonienne ou de celle de l'Etre suprême en pleine Terreur ! Ne faites pas de l'humanité une idole ; elle est à honorer et à servir, non à adorer. C'est là que l'idée de Dieu sert de contrepoint bienfaisant à tant de théories qui en arrivent à avilir ou à détruire l'homme sous prétexte de le libérer des fantasmes de la religion.

Comment se fait-il que la conception que vous décrivez soit si peu présente et si peu audible dans notre société ?

Sans doute parce que la religion chrétienne a trop voulu dominer la société, lui imposer trop de préceptes de piété et de morale, et s'est trop exclusivement préoccupée des fins éternelles de l'homme, et insuffisamment de ses fins temporelles et terrestres (dont elle s'est aussi occupée). Je ne dirai quand même pas qu'elle s'est mise en rupture avec l'Évangile, avec l'esprit du Dieu-amour ; seulement le religieux l'emportait certainement sur l'évangélique, et l'évangélique tombe du côté de l'homme, de l'humain. Jésus prêche une religion, en tant que sa doctrine est tournée vers Dieu, mais qui n'est pas incarnée dans des pratiques religieuses ni dans des pratiques du sacré, comme des interdits alimentaires, mais dans un certain comportement humain, de justice, de vérité – parce qu'on doit aussi la vérité aux autres –, de charité. C'est pourquoi l'Évangile a donné naissance à de nombreuses congrégations religieuses fondées pour rendre un service très concret aux hommes.

Une question très personnelle : à quoi bon rester dans l'Église catholique quand on a comme moi choisi d'être chrétien à un moment donné mais qu'on se rend compte que cet espace-là, cette institution-là n'est pas du tout propice aux chantiers que vous venez de décrire ?

J'ai quantité d'amis qui me posent cette question et je leur réponds : « si vous le pouvez, restez pour faire évoluer les choses ».

Mais comment ?

En faisant des communautés qui ne soient pas de simple adhésion mais aussi de contestation, en se rappelant que, linguistiquement, « contestation » est lié à « attestation ». On conteste l'autorité pour attester l'Évangile. Que des chrétiens ne puissent plus vivre dans l'institution, je le comprends, mais s'ils sont seuls, ils ne peuvent plus faire grand chose. Je rêve de communautés chrétiennes où pourraient venir d'autres croyants, mais aussi des gens qui n'ont pas la foi, et qui se diraient : « *Que pouvons-nous faire ensemble ? Y a-t-il des choses que nous voudrions supprimer ou corriger, ou d'autres que nous aurions envie d'inventer ?* » ; qui réfléchiraient à tout cela et décideraient que faire. C'est ainsi qu'on pourra répandre l'esprit de l'Évangile. Je vois souvent des amis à qui je dis : « *Faites des groupes, des communautés ; évitez les ruptures bruyantes qui n'aboutissent à rien ; gardez même si possible des contacts avec l'institution et faites Église autrement ; et puis, bon, vous verrez bien ce qui arrivera* ». Il y a des évolutions qui peuvent se faire dans le sein même de l'Église : je recevais hier un fascicule sur la communauté Saint Luc de Marseille, qui reste en lien avec l'institution diocésaine et paroissiale, sous un encadrement peut-être encore trop clérical à mon goût, mais qui lui a permis de faire du neuf à côté d'elle, sans rupture. Sans en faire un modèle, on peut s'inspirer de son exemple, et il y en a beaucoup d'autres de ce genre, comme les groupes de « chrétiens en liberté » des réseaux du Parvis, que vous connaissez bien. C'est en groupe qu'on peut faire des choses importantes, et il est difficile à un chrétien de vivre isolé surtout quand on pense que le christianisme est une religion incarnée et communautaire, non une pure philosophie. Vous ne changerez pas le monde en restant seuls chacun dans son coin, et puisque vous voulez vivre en chrétiens, pensez aussi à changer l'Église, donc à rester en lien.

DEUXIÈME JOURNÉE

DE LA FOI AU CHRIST AUX DOGMES DE L'ÉGLISE

De la foi au Christ aux dogmes de l'Église

Une foi éclatée ?
Ancien et Nouveau Testament
Bible : lecture croyante et lecture critique
Un monde sécularisé
Europe : des « racines » chrétiennes ?
La question du mal
Une Église asservie au dogme ?

Que signifie croire en Jésus pour le chrétien européen du XXIe siècle ?

Il y a déjà à se demander en quoi cela serait différent du passé. Pourquoi se pose-t-on la question, aujourd'hui, alors qu'on n'a cessé d'y répondre dans le passé ? La réalité, c'est qu'on est en train de se rendre compte, si vous me passez l'expression, que le croire « fout le camp ». Et la question de la justice entre ici en ligne de compte, car le « croire en l'autre » est aussi en voie de s'éclipser. Pour moi, il y a une solidarité entre ces deux croire : tant qu'on croira au Dieu de Jésus Christ, on se sentira obligé de croire à l'autre, au pauvre qui est là, etc. Si on perd la foi dans le Dieu de Jésus Christ, je ne dis pas qu'automatiquement on perdra la foi en l'autre, mais il deviendra très difficile d'y croire. Pourquoi ? Parce que l'autre me gêne, l'autre me tue, il prend ma place, il m'empêche d'être tranquille... Si vous avez les moyens de vous offrir un bon repas avec un bon cigare, vous n'aimez pas voir à la porte du restaurant un pauvre qui est là et qui tend la main. Ça vous dérange ! Et on finit par chasser ce qui dérange. Je crois que c'est ça, la vérité du Dieu de Jésus – que Michel de Certeau avait très bien pressentie : Jésus s'est effacé là, dans le pauvre.

Je rattache cette crise du croire à la crise des sciences européennes dénoncée par Husserl, qui s'était rendu compte que la pensée occidentale du XXe siècle risquait de perdre de vue le pôle infini de l'esprit. La pensée grecque représentait pour lui ce pôle infini. Mais est-ce que cela suffit ? La pensée grecque, c'était une pensée pleine de dieux. C'était le dieu des philosophes, mais pas uniquement. Socrate croyait au Dieu unique et ne voulait pas rendre un culte aux dieux de la Cité. Il y avait une collusion étroite entre l'idée de Dieu et la Cité, ce qui amenait à légitimer la raison d'État. Les juges ont mis à mort Socrate. Je crois entendre à ce propos la plainte d'Antigone, qui a une très grande, une permanente actualité : les hommes sont-ils victimes d'un destin fixé par les dieux ? La raison d'État prime-t-elle le droit de l'individu ?

Le christianisme – le christianisme naissant – a fait exploser la religion de la société, pour la bonne raison qu'il est né, en quelque sorte, sans *lieu* : il est né dans le judaïsme, mais il n'est vraiment devenu christianisme qu'en s'exilant du judaïsme – il ne s'en est pas seulement exilé, il en a été chassé aussi...

... donc en cessant d'être la religion d'une société particulière ?

Il ne l'était plus, mais il s'y est vite *relogé*. Il y a un lien essentiel entre la religion et la société, c'est ce qu'a très bien vu du reste l'Ecole française de sociologie autour de 1900. Sauf qu'elle a cru que la religion était un produit de la société : c'est plus compliqué que cela. Les premières traces écrites que nous ayons d'une humanité pensante, c'est une humanité qui croit aux dieux. Et nous continuons à croire avec cette foi-là ! Alors on peut s'en séparer, dire que notre foi chrétienne est un produit de cette foi atavique qu'on a déplacée sur Jésus ou sur Yahvé...C'est sûr qu'il devient plus difficile de croire ; la religion se retire de la société, c'est un phénomène certain. Mais que restera-t-il de la société ? Ou bien est-ce la société qui va dévorer l'homme, comme nous voyons en ce moment l'Institution du capital en train de dévorer les individus... ?

Vous dites que le croire – en tout cas une certaine façon de croire – est en train de s'évaporer, et pourtant, lors de notre premier entretien, vous nous avez immédiatement parlé de l'essor des fondamentalistes d'un côté, des charismatiques de l'autre...

Je ne vois pas l'intérêt de revenir sur cette question. La propagation de ces deux mouvements, d'ailleurs si différents, n'a pas comblé le vide de nos églises, il s'en faut, elle ne fait que trahir le désarroi et l'effritement des populations qui autrefois les fréquentaient.

Entre ces deux groupes, il y a un *reste*, forcément – reste qu'on pourrait caractériser, pour s'en tenir toujours à des généralités, comme des croyants qui essaient de concilier la tradition avec la modernité. Des croyants évolutifs, si vous voulez, ou, comme on les appelle parfois, *progressistes*. Dans l'Église catholique, cela caractérise en gros les groupes que nous continuons à voir dans nos églises et qui ont été formés par l'esprit de Vatican II, encore dominant jusqu'à une époque relativement récente. Ça risque d'évoluer encore, je ne sais trop dans quel sens... Donc une recherche d'évolution qui, dans l'Église catholique, signifie non une rupture avec la hiérarchie, mais une distance prise à son égard, une attitude souvent contestataire. Par exemple, on entend beaucoup discuter, même dans le public paroissial, des enseignements ou même de la crispation de la hiérarchie sur des problèmes moraux autour de l'origine ou de la fin de la vie. Sur ces points également, l'esprit de la modernité a pénétré les mentalités des fidèles et sapé l'autorité de la Tradition.

Parlons quand même encore un peu du fondamentalisme. En quoi, pour le théologien que vous êtes, est-ce un mal d'être « arc-bouté sur une loi écrite » ? En quoi cela peut-il être considéré comme une religiosité dévoyée ?

Quand un croyant, juif, chrétien ou musulman, dénonce le fondamentalisme, cela veut dire qu'il est déjà entré lui-même dans une phase de sécularisation, je veux dire qu'il soumet la lecture de ses Écritures au *libre examen* de sa *raison critique*. Autrement, prendre ces Écritures à la lettre peut très bien entrer dans la religion et même être le sentiment *normal* ! Si je crois que, globalement, l'Ancien Testament est *révélation*, pourquoi est-ce que j'irais chercher si tel point particulier est ou n'est pas révélation, et dire : « cela, je l'exclus » ? C'est bien parce que j'ai une mentalité sécularisée, parce que je fais entrer mes connaissances scientifiques dans ma foi – je n'ai pas deux sortes de raisons ! – que je dis, par exemple : « non, ce n'est pas en six jours que Dieu a créé » et que j'accepte la théorie de l'évolution ! Donc je raisonne avec ma science ; une réflexion sécularisée entre dans ma lecture de la Bible.

« Religiosité dévoyée » ?... Je dirais plutôt aux fondamentalistes : cette idée que vous voulez garder de la création vous coupe de l'intelligence actuelle, et de la société actuelle. Tous les esprits formés maintenant par les sciences, en gros, admettent Darwin ! Vous nous préparez une religion sectaire ; il n'y aura jamais qu'un petit nombre de gens à jeter l'anathème sur les sciences modernes pour pouvoir vous suivre ! C'est en ce sens que je dirais que le fondamentalisme est un danger pour la foi elle-même. Car si telle était l'idée de la création, je ne pourrais pas y adhérer !

Il n'est donc pas possible sans risque important de prendre la Bible *au pied de la lettre*...

Absolument ! Dans la Bible, il y a le phénomène très curieux du prophétisme, auquel il faudrait réfléchir. Les prophètes (du moins le prophète juif, car c'est un monde que le prophétisme !) ne sont pas simplement des gens de la religion, même ceux qui sont prêtres : on les voit dénoncer les sacrifices, du moins la manière de les faire. Ils interviennent, ils interpellent le peuple, les rois, ils les menacent. Ils rappellent qu'il est plus important de donner à manger aux pauvres que d'aller offrir un bœuf à Dieu : que voulez-vous qu'il en fasse, Dieu ? Le prophète se sent appelé : il a une vocation. Il pratique la religion de son peuple, mais n'y enferme pas l'idée de Dieu.

C'est là qu'apparaît un phénomène de révélation : « voilà ce que Dieu me dit de dire ! » Dieu ? Il n'a pas entendu Dieu lui parler en hébreu, n'est-ce pas ! Mais au dedans de lui-même, la foi qu'il porte à Dieu lui fait dire : « voilà ce que Dieu me dit ». Et cette parole-là est écoutée. Le prophétisme – la pensée des prophètes – suit une carrière un peu à part de la religion juive, tout en l'influençant, je crois pouvoir le dire sans être aucunement historien de l'Ancien Testament : sous son influence, le peuple d'Israël va devenir monothéiste, et faire de Yahvé, son petit Dieu national, le Dieu tout-puissant créateur du ciel et de la terre.

Cependant, le prophétisme s'éteint, quelque part autour du Ve siècle, et on voit naître ensuite l'attente d'un *Royaume de Dieu*. Sans que le mot « royaume » soit expliqué pour lui-même, les promesses de Dieu faites ou ressenties dans le passé sont reportées en avant de l'histoire, comme si elles se détachaient de la religion : inspirés par la lecture des prophètes, les croyants ne se confient plus autant dans les institutions religieuses, n'attendent plus le salut du seul fonctionnement du culte et reportent leur espoir dans le futur ; ils attendent quelque chose à venir. Ainsi voit-on, au temps de Jésus, des juifs demander à Jean Baptiste la purification de leurs péchés au lieu d'aller la chercher au Temple ; et Jésus lui-même, mû sans conteste par l'esprit des prophètes, sera accusé d'interrompre les sacrifices quand il renversera les tables des changeurs et chassera les animaux de l'entrée du Temple ! Il opère ainsi, non une rupture avec sa religion, mais *un écart*, comme dirait Michel de Certeau, il se *marginalise*, comme le dit un exégète américain contemporain, J. P. Meier. Cet écart va permettre le christianisme, avant de se transformer en rupture dès la fin du Ier siècle.

Une parole prophétique est donc au cœur de la révélation et elle ne se *confond* pas avec le système de la Loi ni de la religion. Plus tard le christianisme, détaché de la loi juive, se mettra sous la protection de l'Empire romain converti à la foi nouvelle, et y gagnera en universalité, ainsi que l'a soutenu Paul Veyne ; il s'étendra aux dimensions de la culture européenne. Maintenant abandonnée par elle, la foi chrétienne se trouve à l'étroit dans son institution religieuse. C'est alors que les chrétiens doivent s'interroger – « la religion est-elle l'*essence* du christianisme ? » – et retrouver l'esprit des prophètes – dont se réclame aussi la théologie de la libération en Amérique Latine – dans ce que j'appelle *l'humanisme évangélique*.

Quant au mouvement charismatique et à son essor assez impressionnant de nos jours, s'agit-il simplement

d'une sensibilité religieuse particulière ou y a-t-il là quelque chose de plus qui se joue – peut-être le fait de s'accrocher à une religion qui tendrait à évacuer toute raison pour ne garder que le sentiment, l'effusion ?

Considéré à l'intérieur de l'Église catholique, ce mouvement n'est pas spécialement *révolutionnaire,* mais dénote le sentiment d'*insatisfaction* de plusieurs chrétiens à l'égard du culte officiel, et leur besoin de l'*humaniser.* Considéré en dehors de cette institution et dans sa généralité (car le pentecôtisme est une vaste constellation !), ce phénomène d'« effervescences religieuses », étudié sous ce titre voici quelques années par la revue *Esprit,* vide les Églises établies de leurs fidèles : c'est une sortie du sentiment religieux *hors d'un cadre institutionnel.* Il se développe de préférence chez les pauvres, les exclus, dans des populations marginalisées, que la religiosité console de leur état de misère, parfois d'ailleurs en leur apportant une aide sociale importante, mais parfois aussi seulement des rêves de prospérité. La religiosité se montre alors vraiment sous sa face aliénante, parce qu'elle n'apporte pas de solution à leur état misérable. Elle arrache les pauvres à une Institution ecclésiastique, qui se contentait de son côté de leur donner des consolations, mais elle ne fait guère que *changer* les consolations. Admettons qu'elle préconise aussi une certaine entraide, c'est bien, mais cela laisse beaucoup d'illusions, car on se détourne des problèmes réels de transformation de la société.

Une soupape de sécurité, donc, plutôt qu'une invitation à la libération ?

Ah oui ! Et c'est très différent de la théologie de la libération, qui instruisait et fortifiait ses fidèles afin qu'ils prennent leurs problèmes en charge. Mais, combattue par la hiérarchie catholique (malgré quelques adoucissements tardifs), elle a vu ses effectifs la quitter et chercher une aide illusoire dans des sectes évangéliques. La théologie de la libération reposait en effet sur des cercles bibliques, où l'on ne se contentait pas de rendre l'espérance aux pauvres, mais où l'on dénonçait en même temps les maux de la société et encourageait à l'action sociale et politique. On appelait à l'insurrection, si vous voulez, maîtrisée cependant.

Une insurrection des consciences ?

Plutôt une *prise* de conscience et de responsabilité. Rome y a vu du marxisme, un appel à la révolution, dénoncé comme tel par les pouvoirs politiques en place qui s'en plaignaient aux évêques, et l'institution religieuse a volé au secours de l'institution politique. Les sectes, inversement, font de la manipulation du sentiment religieux, ce qui ne dérange guère les puissants du jour.

Vous disiez lors du premier entretien : « Chez les catholiques, beaucoup de jeunes qui ne vont pas à la messe tiennent pourtant à se dire chrétiens, d'autres demanderont à être enterrés à l'église... Il y a là uniquement le rapport à une tradition qui est peut-être devenue pour eux une tradition sociologique, familiale, culturelle ». N'est-ce pas aussi pour beaucoup un vivier où ils puisent des valeurs morales, spirituelles, chrétiennes sans se sentir engagés par les positions officielles de tel ou tel groupe religieux ou Église ?

Certes, mais cela ne doit pas cacher un très grand désarroi sur le plan des valeurs morales. Vous n'ignorez pas qu'actuellement les discours de l'Église sur les questions sexuelles sont assez discrédités, et il n'est pas sûr que tous les chrétiens gardent des règles morales claires et fermes. Mais je suis bien d'accord pour reconnaître qu'ils sont capables, s'ils l'interrogent sérieusement, de trouver dans l'Évangile les valeurs *éthiques* dont ils ont besoin, je ne dis pas des réponses toutes faites aux questions concrètes qu'ils se posent, aux problèmes de société agités autour d'eux, mais des principes pour y réfléchir et pour les résoudre.

Malheureusement, le souci de réfléchir sur l'Évangile ne va pas nécessairement de pair avec le souci de recourir aux sacrements et au soutien de l'Église ni, inversement, un besoin de ritualité avec un besoin d'Évangile. D'un côté ou de l'autre, il risque d'y avoir un très gros décalage : on peut s'attacher aux rites et laisser s'échapper la pensée de l'Évangile, comme on peut s'intéresser à l'Évangile et ne pas trouver d'intérêt à la vie en Église. C'est pourquoi, moi, je vois l'avenir de l'Église dans de petites communautés, où il y aurait des chrétiens *et* des non-chrétiens, qui ensemble réfléchiraient à leurs problèmes en lisant l'Évangile et apprendraient ou réapprendraient ainsi un vivre-ensemble auprès de Jésus, ce qui serait déjà une vie en Église. Je pense que l'Église repartira comme cela, et en s'ouvrant sur la société au lieu de se refermer sur elle-même.

Est-ce qu'on pourrait faire un parallèle avec la vie de l'Église primitive, ou est-ce trop s'avancer ?

Non... Il est certain que l'histoire ne revient pas en arrière, donc on ne fera pas revivre exactement les communautés chrétiennes de jadis, le contexte social est très différent ! Cependant, comment est né l'Évangile ? Dans des groupes de gens, de disciples autour de Jésus. Donc on peut penser que l'Église ne se revitalisera qu'à partir de groupes de *disciples.* C'est l'idée qui avait été soulevée, il y a déjà longtemps, par Marcel Légaut, qui était vraiment un visionnaire à cet égard, et c'est un peu l'idée qui a inspiré pas mal de communautés de base, en France et pareillement en Amérique latine : les problèmes de société ne sont pas les mêmes, l'inspiration est assez semblable.

Autrement dit, l'Église qui se sent en train de dépérir en tant que religion a tout intérêt à se rappeler qu'elle n'est pas seulement religion, mais aussi – *mais d'abord* – Évangile. Et, pour moi, c'est à partir de l'Évangile qu'elle pourra se revivifier *même* comme religion, mais autrement qu'elle n'est actuellement, ou qu'elle n'était dans le passé.

Vous avez souligné l'importance des Évangiles, donc du Nouveau Testament, pour le chrétien. Quel est l'intérêt de l'Ancien Testament ?

La Bible, pour nous chrétiens, représente d'abord la mémoire de Jésus : c'est à elle qu'il se référait, en elle qu'il lisait à l'avance son destin. Elle était aussi la mémoire des apôtres et des évangélistes, qui ont compris et enseigné Jésus à la lumière de l'Ancien Testament, que nous devons donc bien connaître pour bien comprendre ce qu'ils ont écrit sur lui.

Actuellement, la connaissance de l'Ancien Testament est en pleine mutation. Elle n'a pas cessé d'être en question depuis les débuts de l'exégèse scientifique, disons déjà depuis le XVIe siècle, mais plus encore depuis les fouilles archéologiques du siècle dernier, depuis la découverte et le déchiffrement des inscriptions, annales, bibliothèques, manuscrits, monuments et de tous les restes des anciennes civilisations égyptienne, mésopotamienne, judéenne... Des ouvrages tout récents ont remis en cause l'ensemble de l'historiographie biblique, et des auteurs très sérieux parlent ouvertement de *l'invention* de la Bible, et même de celle du peuple juif.[1] L'Ancien Testament est donc plein de questions pour l'historien, l'exégète, et le théologien. Une bonne connaissance de son histoire et de sa rédaction est nécessaire à la compréhension de sa pensée religieuse, de sa loi, de son culte, et à plus forte raison de sa révélation.

Qu'est-ce à dire ?

On sait maintenant que tout le Pentateuque a été inventé aux VIe-Ve siècles avant notre ère, et toute l'histoire des Patriarches et celle de la sortie d'Égypte et de l'entrée en Canaan sont renvoyées dans la légende. L'Ancien Testament ne se présente pas au premier chef, pour le théologien, comme un catalogue de vérités dogmatiques, mais comme un vaste ensemble de récits d'événements, de prophéties liées à l'histoire des royaumes d'Israël et de Juda, et de préceptes cultuels et éthiques, dont la provenance et l'antiquité sont maintenant remises en cause. Il se présente aussi, bien sûr, comme une religion où s'énonce, surtout chez les prophètes, une très belle doctrine de Dieu, dont le christianisme a reçu l'héritage, mais dont la pratique a fait l'objet d'une vive contestation de la part des prophètes, et cela aussi reste fort instructif pour les chrétiens de notre temps. Enfin l'Ancien Testament raconte une histoire de salut dont le Nouveau Testament reconnaît être l'achèvement ; mais l'historiographie récente montre qu'Israël n'a jamais connu le salut, tel qu'il envisageait son passé légendaire, sous les traits d'une nation protégée de ses ennemis et comblée de bienfaits par son Dieu particulier. La théologie chrétienne va devoir tenir compte de toutes ces découvertes, qui mettent en cause l'intelligence de

1. Voir notamment Shlomo Sand, *Comment le peuple juif fut inventé*, Fayard, 2008, traduit de l'hébreu (NdE).

l'histoire du salut, et aussi la notion de salut enseignée par l'Église.

Pourquoi alors, malgré de telles réserves, la Bible conserve-t-elle tout son intérêt pour le chrétien ?

La Bible, pour le chrétien, c'est la mémoire de Jésus, son histoire, sa *généalogie,* c'est aussi sa religion et, en grande part, la source de sa pensée, de sa mission, de son idée de Dieu et de sa relation à Dieu, du moins le *lieu* à partir duquel s'est noué son lien à Dieu. L'Ancien Testament est important parce que Jésus s'y réfère, a cherché à se comprendre lui-même sur la base de cette « histoire sainte », a scruté son destin comme si ce qui était arrivé aux prophètes *devait* également lui arriver. Et puis, l'Ancien Testament montre que Dieu ne s'est pas soudain décidé à s'occuper des hommes. Le mot « soudain », « *subito* », est un mot qui apparaît dans les controverses chrétiennes avec le marcionisme qui voulait, vers le milieu du IIe siècle, couper les liens entre l'Ancien et le Nouveau Testament, comme si Dieu venait seulement de se révéler en Jésus, *subitement.* Non, le Dieu de Jésus n'est pas un Dieu *nouveau,* que personne n'aurait connu avant que Jésus ne le fasse connaître. Cela montre que le lien de Dieu à l'humanité est ancien, plus ancien que ne l'est le Premier Testament. Cela oblige donc à situer le Dieu des juifs parmi les dieux de Mésopotamie : il était *l'un d'eux,* comment est-il devenu *le seul* ? Le Dieu de Jésus identifié au Dieu des Hébreux ne rejette pas tous les autres dieux dans le néant, il prend leur place, mais il montre qu'il était déjà en voie de se révéler à travers tous ces dieux plus tard réputés faux, qu'il s'approchait depuis toujours des hommes à travers toutes ces religions.

Il est intéressant que la nouvelle historiographie biblique

nous apprenne que Yahvé, le Dieu du peuple hébreu, a fait son apparition dans l'histoire vers le Xe siècle (au plus tôt) avant l'ère chrétienne au milieu de la multitude des dieux du Moyen-Orient, dont il était l'un des plus petits, cru et honoré de la même façon que les dieux des autres peuples, et parmi d'autres dieux, avant le retour d'exil, au VIe siècle, qui vit le triomphe du yahvisme, c'est-à-dire du culte exclusif de Yahvé Dieu unique et souverain enseigné par les prophètes. Et Yahvé n'est pas seulement devenu le plus grand d'entre eux, il est resté le seul.

Cela montre que le Dieu unique, celui qui s'est manifesté en Jésus à un certain moment du temps et dans un certain lieu de l'univers, se révélait de tous temps et en tous lieux, d'une tout autre façon qu'en Jésus, à travers les dieux du paganisme, ne rejetant aucun peuple à cause de ses croyances erronées, et préoccupé de se faire reconnaître de tous, en tant que Dieu unique, pour rassembler l'humanité dans l'unité. Voilà qui donne à réfléchir sur la civilisation : l'humanité a fait son éducation en se mettant à l'école de Dieu, et en passant d'une multitude de dieux – un dieu national, entouré d'autres dieux, pour chaque peuple différent – à la foi au Dieu unique – un seul Dieu pour l'unique et même famille humaine. Le christianisme se trouve ainsi mis, en vertu de ses liens d'origine au judaïsme, au contact des plus vieilles religions du monde ancien – ce qui est propre à élargir sa visée universaliste.

Cela ne conduit pourtant pas à rapatrier Jésus dans sa judéité et le christianisme dans le judaïsme, car le chrétien a été libéré de la loi par la mort de Jésus, condamné au nom de la Loi, et cette libération est l'acte fondateur du christianisme, qui lui interdit de se remettre sous le régime des sacrifices, et donc de revenir au statut des anciennes religions. Il reste que l'Ancien Testament est le lien de Jésus à l'histoire des hommes et à la venue de Dieu aux hommes à travers elle. C'est pourquoi le christianisme doit garder son lien aux anciennes Écritures, et donc aussi au peuple juif qui en est aujourd'hui le témoin. Il m'est arrivé de dire que l'importance de l'Ancien Testament était de rappeler au christianisme ce à quoi il ne doit pas revenir. La formule n'est pas très heureuse si on la comprend en ce sens qu'il ne montrerait que ce qu'on doit repousser ; elle dit néanmoins quelque chose de juste : on ne doit pas retomber dans de l'ancien, car l'ancien est la préparation du nouveau. Si donc nous revenons à l'Ancien Testament, et nous le devons puisqu'il est la patrie de Jésus, c'est pour y découvrir le Nouveau qui déjà s'y révélait, et apprendre ainsi à nous laisser porter par lui vers la nouveauté toujours renaissante de Dieu. L'interprétation de l'Ancien Testament par le Nouveau apprend à réinterpréter aussi le Nouveau dans la nouveauté des temps.

En d'autres termes, le christianisme n'est pas que religion, ni religion semblable aux autres : voilà ce que signifie la libération de la loi opérée par la mise à mort de Jésus au nom de la loi. Tel fut l'acte fondateur du christianisme. Il importe qu'il garde son lien à l'Ancien Testament pour rester en lien, à travers lui, avec toutes les religions du monde, ancien et contemporain – et c'est pourquoi aussi il doit renouer des relations d'amitié et de parenté avec le peuple juif actuel ; mais, en même temps, il ne doit pas se remettre sous la loi, se soumettre au régime des religions des temps anciens, lui qui est porteur, au nom de Dieu, de la libération des hommes de tous leurs jougs religieux, afin qu'ils puissent devenir un seul peuple, une commune humanité.

C'est même à un dépassement de la religion visible que le christianisme est invité par Jésus pour devenir *vraie adora-*

tion du Père en esprit et en vérité (Jean 4, 23) – encore qu'on ne discerne pas où cela pourra le conduire, et c'est à cela que la crise actuelle de la religion nous porte à réfléchir. Les chrétiens doivent garder l'Ancien Testament parce que le Nouveau se prépare déjà là, à partir de l'Ancien, comme une nouveauté absolue qui appelle sans cesse de nouvelles évolutions. C'est en cela que la Bible prend un autre sens pour eux que la Bible lue par des juifs attachés à leurs anciens privilèges et particularismes. Le chrétien se voit invité, par le rapport du Nouveau à l'Ancien Testament, à réinterpréter même sa propre religion, pour éviter qu'elle ne devienne une nouvelle Loi : et c'est ainsi qu'il fait jaillir, des anciennes Écritures elles-mêmes, la nouveauté de l'Évangile.

On a le sentiment que l'Ancien Testament nous présente un dieu jaloux, un dieu vengeur, alors que le Nouveau nous présente un dieu d'amour...

Ce n'est pas faux. Sauf qu'on trouverait beaucoup de paroles du Dieu d'amour dans l'Ancien Testament. De même que dans le Nouveau il y a encore de l'Ancien, par exemple certaines paraboles du jugement ou prescriptions de la loi. C'est pourquoi il y a toujours matière à réinterprétation. Mais il est vrai que la pleine et inépuisable dimension du Dieu-Amour ne pouvait être révélée que par son abaissement en Jésus. Je ne dis pas par une autre doctrine de Dieu, car Jésus n'a pas tenu école sur Dieu. Mais il s'est passé quelque chose en Jésus ; plus exactement, *quelque chose est arrivé à Dieu en Jésus* : quand il est né, quand il est mort, quand il est ressuscité, quelque chose est arrivé à Dieu ! Peut-être qu'il a changé... Il s'est lié à l'histoire, et c'est là qu'apparaît son amour, dans son lien à l'histoire, à la chair de Jésus : l'événementialité de Dieu en

Jésus est source d'un renouvellement perpétuel de l'intelligence des Écritures, des anciennes comme des nouvelles, des unes par les autres.

Comment comprendre un tel changement ?

En comprenant mieux ce que nous appelons Révélation, Écriture, ou Parole de Dieu. Ce n'est pas un discours que Dieu tient à l'écrivain sacré, qui n'aurait plus qu'à le retranscrire tel quel. Penser cela conduit au fondamentalisme. Dieu inspire à cet auteur une certaine orientation de pensée et de cœur pour élaborer son propre discours par sa propre intelligence et à partir des catégories langagières qu'il tient de sa culture. Cela explique qu'il y a bien des propos dans l'Ancien Testament, mais aussi dans le Nouveau, qui nous répugnent très légitimement, avec lesquels nous ne pouvons plus prier une fois que nous y avons réfléchi, quand ils ne parlent que de châtiments et de vengeances, et qu'il faut donc réinterpréter.

La relation de Jésus à Dieu est la clef de ces réinterprétations toujours à chercher. Car Jésus révèle Dieu essentiellement comme un Père, et nous apprenons à le connaître en contemplant son visage qui se reflète sur celui de Jésus. Encore une fois, Jésus n'a pas tenu des discours sur Dieu : on n'en trouve – de très beaux d'ailleurs – que dans l'évangile de Jean. Mais il s'est passé quelque chose en Jésus qui a retenti en Dieu, et c'est en comprenant cela que la vérité de Dieu se dévoile à notre cœur.

Comment concilier lecture croyante de la Bible et lecture critique ?

Elles ne sont pas opposables *a priori*. La recherche du vrai texte et du sens littéral de la Bible a existé de tout temps, même si le vrai sens était conçu différemment d'aujourd'hui. L'exégèse critique, historique ou savante, telle que nous la concevons aujourd'hui, comprenant l'histoire de la tradition et de la rédaction des textes, l'étude des textes dans leurs langues originales et dans leurs traductions en d'autres langues, l'approche du sens à partir de la culture de l'époque et de la société où ces textes ont vu le jour, la confrontation des données bibliques avec les données de l'histoire contemporaine, etc., tout cela a commencé en gros au XVIe siècle, et ce fut l'œuvre de savants croyants – catholiques, protestants ou juifs. Richard Simon, prêtre de l'Oratoire au XVIIe siècle, publie une *Histoire critique du Vieux Testament* (récemment éditée par Pierre Gibert), qui a été fondatrice de l'exégèse moderne et qui, toute novatrice qu'elle fût, n'était nullement tournée contre la foi. Il est vrai que son livre a été condamné par Bossuet, parce qu'il bousculait les idées reçues. Il n'empêche que les méthodes scientifiques de l'étude des textes anciens, auxquelles se sont ajoutés au cours des temps les apports de la linguistique, de l'épigraphie, de l'archéologie, de la numismatique, etc., ont fini par s'imposer partout, qu'il s'agisse d'Homère, des Védas ou de la Bible, comme ils s'imposeront bientôt aux savants musulmans à propos du Coran. Après bien des résistances et des réticences, le magistère romain en a reconnu la légitimité au milieu du siècle dernier, et les exégètes catholiques en font couramment usage. Qu'il y ait une lecture critique, scientifique, littéraliste, historique de la Bible, qui en dise le vrai sens, tel qu'il s'inscrit *dans une lettre et dans un temps,* voilà qui n'est plus discutable.

Cela ne veut pas dire que cette lecture scientifique donne à elle *seule* ni l'intelligence *totale* de la Bible ni son sens *ultime* pour la foi. Le Magistère ne peut pas rejeter l'intelligence qu'en donnent les savants sous peine de perdre toute crédibilité. La vérité catholique, la vérité théologique de la Bible doit assumer sa vérité historique et littérale et se baser sur elle. C'est-à-dire *l'accepter,* non *se réduire* à elle. Car la foi se réfère au texte, s'appuie sur lui, mais ne s'adresse pas à lui ; elle s'adresse à Dieu qui parle aux hommes à travers le livre et elle recueille sa Parole telle que celle-ci a été reçue, transmise et vécue par des croyants au cours d'une longue histoire et telle qu'elle est encore comprise par une communauté croyante.

Que la confrontation entre le sens littéral primitif (pour autant qu'on parvienne à le restituer avec certitude) et sa réception actuelle fasse problème, il n'y a là rien qui doive étonner, encore moins scandaliser. Que le magistère ecclésiastique freine de toutes ses forces l'abandon d'un sens traditionnel compromis par des découvertes récentes, cela peut n'être que prudence dans l'attente d'un consensus généralisé et définitif sur un sens nouveau. Mais on ne le voit pas refuser une opinion solidement établie et largement admise sans accréditer dangereusement la thèse trop répandue de l'incompatibilité entre la foi et la science.

La conciliation entre l'une et l'autre est loin d'être facile, je le reconnais, pour autant que la foi se réclame d'un texte auquel la science a étendu sa compétence. La solution du problème, alors, ne relève pas d'un acte d'autorité mais du travail des savants chrétiens, historiens, exégètes, théologiens. Le principe de solution, c'est que la foi ne repose pas sur des preuves historiques, des signes visibles, ne réclame pas des garanties rationnelles, car le croire n'est pas un savoir. S'il nous est demandé de croire en Dieu, c'est parce qu'il n'est pas évident que Dieu soit ! Il semble que les hommes des temps anciens aient eu cette évidence sans se poser de questions, mais ils posaient Dieu dans le multiple et le visible. La foi au Dieu unique, au Dieu du ciel, a signifié la fin de l'évidence de Dieu. Il ne s'ensuit pas que l'intelligence soit bannie de la foi. Acceptons cependant que l'habitude de l'homme moderne d'appuyer ses connaissances sur des preuves et des démonstrations, des expériences et des vérifications, ne facilite pas l'assentiment de la raison à la foi.

Exit donc toute lecture « littéraliste »...

La plupart des exégètes contemporains pratiquent une lecture « littérale », c'est-à-dire soucieuse de respecter le texte tel qu'il est écrit et d'en exprimer le sens authentique. Mais « littéral » ne signifie pas « littéraliste », ne veut pas dire qu'il faut prendre tout ce qui est écrit « au pied de la lettre », car toutes les langues utilisent des images, des figures de style, des procédures langagières, des codes qu'il faut connaître pour comprendre ce que le texte *veut dire* en tant que texte. Les vieux textes ont aussi leur histoire, par laquelle il faut passer pour remonter à leur sens original.

Quant à pratiquer une lecture « critique », cela ne veut rien dire d'autre qu'une lecture savante, à tout le moins studieuse, réfléchie, intelligente, car une lecture intelligente est celle qui fait appel au jugement, au discernement, ce qui est le sens étymologique du mot « critique ». Toute personne intelligente qui aborde un texte ancien, surtout traduit d'une langue étrangère, qui n'est plus parlée depuis longtemps, sait qu'elle ne peut pas y accéder « de plain pied », qu'elle doit utiliser des dictionnaires et des commentaires, acquérir de nombreuses informations sur cette langue, ce texte, son auteur, son « contexte » culturel et historique : c'est cela faire une lecture « critique » et cela ne s'oppose en rien à une lecture « croyante ».

Ainsi le principal initiateur de « l'exégèse critique » au XVIIe siècle, Richard Simon, ne mettait pas du tout sa foi de côté pour pratiquer ce genre de lecture, ainsi que l'a montré son plus récent historien et traducteur, Pierre Gibert. Et comme celui-ci l'a expliqué – cette fois en tant qu'exégète –, l'exégèse dite « historico-critique » n'est aucunement une façon de « critiquer », de soupçonner et de repousser la lecture croyante de la Bible, c'est simplement une manière de l'étudier en appliquant les procédures de l'histoire des textes et les critères de la science des textes anciens. Et s'il lui arrive de heurter une lecture « croyante », c'est parce que celle-ci est insuffisamment instruite et réfléchie, ce qui arrive malheureusement trop souvent.

Il arrive aussi que le Magistère romain mette les fidèles en garde contre l'exégèse critique parce qu'elle contredit l'utilisation dogmatique d'un texte sacré ou parce qu'elle trouble la foi des croyants. Cette réprobation peut avoir de justes motifs, dans quelques cas précis, quoiqu'elle se soit souvent trompée ; mais la défiance généralisée envers ce genre d'exégèse est injuste et dangereuse, car elle manifeste du mépris de la part de l'Église envers les sciences « profanes », elle entretient la paresse intellectuelle des fidèles, un esprit bigot et sectaire, et elle fait perdre toute crédibilité au Magistère, quand il prétend, malgré ses protestations, défendre la vérité chrétienne à l'encontre des critères de vérité respectés par l'ensemble des esprits de notre temps.

À notre époque, un très large accord est déjà réalisé entre les spécialistes de la Bible des différentes confessions chrétiennes, et cet accord fait plus pour l'unité des chrétiens que bien des palabres sur les conflits dogmatiques. Un travail commun se fait aussi entre savants chrétiens et savants juifs pour l'interprétation des livres anciens de la Bible et même de textes du Nouveau Testament, et cette collaboration établie sur la base de la vérité des textes fait beaucoup plus pour l'amitié si nécessaire entre juifs et chrétiens que bien des rencontres ostentatoires entre dignitaires religieux d'un bord et de l'autre. La religion musulmane dans son ensemble reste hostile à l'étude scientifique du Coran, mais les choses bougent également de ce côté ; plusieurs intellectuels musulmans sont persuadés de la nécessité d'une ouverture de l'Islam à la pensée de la modernité, condition nécessaire pour un dialogue fructueux entre les cultures arabes et moyen-orientales et la culture occidentale. Il ne me paraît pas exagéré de soutenir que le désarmement des conflits religieux passe pour une bonne part par la commune acceptation de soumettre les textes sacrés de toutes les religions, fauteurs de tant de guerres dans le passé, aux mêmes critères d'interprétation reconnus par la raison commune de l'humanité. C'était le rêve de Baruch-Benoît Spinoza au début du XVIIe siècle, on ne doit pas renoncer à le réaliser.

Ne pourrait-on pas vous reprocher de rationaliser la foi à l'excès, de la ramener à un savoir, de la soumettre au contrôle de la science ? Et combien de fidèles, à ce compte, seraient capables de lire les Écritures pour y ressourcer leur foi ?

Nous parlions des textes, non de la foi. Un texte religieux est un texte comme les autres, soumis aux mêmes avatars de transmission ou de traduction, et relevant des mêmes critères de vérification et d'interprétation ; il doit son caractère sacré à la foi dans laquelle il a été écrit et reçu, et est toujours proclamé et lu ; mais sa compréhension littérale relève des règles générales de la linguistique. Avant l'invention de l'imprimerie et encore largement après, surtout chez les catholiques, la grande majorité des fidèles n'avaient jamais tenu une Bible dans leurs mains, cela ne les empêchait pas de nourrir leur foi de la Parole vivante de Dieu qui venait du Livre jusqu'à eux grâce à la prédication de l'Église.

Vous n'en avez pas moins soulevé une grave question. Un large fossé se creuse entre la lecture « savante » de la Bible par les exégètes et théologiens, la lecture « dogmatique » que le Magistère voudrait imposer et la lecture « naïve » des fidèles, et on finit par ne plus parler le même langage dans l'Église. Quoiqu'il ne faille pas exagérer : d'assez nombreux fidèles ont compris la nécessité pour la foi d'aujourd'hui d'une étude sérieuse des évangiles et des autres Écritures, ils recourent facilement aux enseignements des spécialistes, de bons commentaires ou textes annotés sont mis à leur disposition. Mais plus le fossé se comble entre eux et les « savants », plus il s'élargit entre eux tous, d'un côté, et, de l'autre, des fidèles attachés à une lecture fondamentaliste ou à leur pieuse ignorance et un Magistère soucieux de garder le privilège d'enseigner les fidèles avec autorité et d'imposer une lecture de l'Écriture qui favorise les dogmes traditionnels, quoi qu'il en soit du sens authentique des textes. Cette fracture du langage des chrétiens est un grave problème pour aujourd'hui. Le dissentiment intra-ecclésial se double d'un conflit entre la vérité scientifique de la Bible et la vérité des dogmes. Ce problème concerne éminemment les théologiens, responsables, pour leur part, de l'unité du langage chrétien et de sa vérité, laquelle ne saurait s'éloigner de la vérité des textes fondateurs du christianisme. La vérité doctrinale du catholicisme doit assumer la vérité historique de la Bible et se baser sur elle. Je ne dis pas se réduire à elle, mais d'abord l'accepter. C'est un lourd défi à relever, qui a pour enjeu la place du catholicisme dans le monde culturel de demain.

Cependant, pour serrer de plus près votre question, je ne pense aucunement que la solution des difficultés que nous évoquons soit d'intensifier le savoir de la foi, de la rapprocher du savoir, c'est au contraire de bien les distinguer sans les opposer l'un à l'autre, précisément parce que la foi n'est pas de l'ordre de la science. Le principe de solution, c'est que le croire n'est pas un savoir ; il le respecte, mais il le transcende. S'il nous est demandé de croire, c'est parce que ce n'est pas visible, pas évident. Il nous est demandé de croire en Dieu parce qu'il n'est pas évident que Dieu existe.

Nos ancêtres, ceux qui nous ont légué leurs textes sacrés, avaient, eux, l'évidence de Dieu, Dieu était là partout autour d'eux, il intervenait dans tout ce qui leur arrivait d'heureux ou de malheureux, dans toutes leurs affaires. La grande affaire des hommes, c'était de se rendre les dieux favorables, de les mettre de leur côté : la religion était plus importante pour eux que la foi. Ou admettons qu'elle était la mise en œuvre du savoir de la foi, de la manière dont il convenait de traiter avec la divinité. Il n'y a pas besoin de croire quand on voit. Il est évident que les premiers hommes ont admis l'existence des dieux sans se poser aucune question. Ça s'imposait à eux. Leur foi ne portait pas directement sur leurs dieux, mais sur l'assurance d'attirer leur bienveillance par les honneurs qu'ils leur prodiguaient. Pour nous, il en va tout autrement. Et c'est justement la foi au Dieu unique qui a signifié la fin de l'évidence. Le Dieu unique est forcément indicible autant qu'invisible. La foi en lui ne vient pas d'un savoir ni n'en donne un.

Mais alors, qu'est-ce qui décide de la foi ?

C'est difficile à dire... Je pense que la foi est fondamentalement l'acte de faire confiance, et c'est ce que semblent prouver les plus anciens emplois du verbe *croire* dans les langues indo-européennes (d'après les études d'Émile Benveniste). L'acte par lequel un enfant fait confiance à son père n'est pas *essentiellement* différent de l'acte par lequel nous mettons notre confiance en Dieu. La différence, bien sûr, c'est que l'enfant voit son père : le croyant ne voit pas

Dieu. Malgré tout, l'enfant n'a pas l'évidence qu'il doit faire confiance en tout, et constamment, à son père. Et il arrivera un moment où il ne lui fera pas confiance en tout ! Et c'est peut-être comme cela qu'il va devenir adulte, sujet de lui-même. Il ne perdra pas pour autant son rapport au père, mais ce rapport va se transformer. C'est sans doute ce qui se passe, et doit se passer, quand le croyant parvient à l'âge adulte d'une raison *éclairée* qui a besoin d'une foi elle aussi mais différemment *éclairée*. Un croyant qui a perdu confiance dans ses raisons de croire est en danger de perdre sa foi, mais parce qu'il a mis sa confiance dans des raisons et des preuves au lieu de la mettre en Dieu même ; la contestation que la science lui oppose, s'il en accepte l'épreuve, l'aidera à situer sa foi dans un vrai rapport à Dieu, non aveuglément, mais en la pensant avec toutes les ressources de son intelligence, et c'est alors qu'il parviendra à une foi pleinement responsable, qu'il sera capable d'en répondre, d'en rendre raison.

L'homme a toujours à se poser la question : qui suis-je ? Qu'est-ce que l'univers ? Qu'est-ce que l'homme ? De même, il aura toujours à se poser la question : qu'est-ce que Dieu ? Cela ne l'empêchera pas de croire en Dieu, de même qu'il croit en soi, qu'il croit aux autres, qu'il croit au monde, sous peine de se dissoudre, alors que le monde change sans cesse, que les autres lui font défaut et que le *je* profond se dérobe dans les avatars du *moi*. La foi est un sursaut venu d'au-delà de soi, des autres et du monde, en même temps qu'un accord harmonieux avec soi-même, les hommes et l'univers, qui rompt pourtant nos attaches à tout cela et qui nous fait accéder à plus grand que soi, à infiniment plus grand que tout, à *ce* que nous appelons *Dieu*, sans bien savoir ce que nous mettons sous ce nom, sinon qu'il nous inspire une confiance absolue. La connaissance de Dieu n'a cessé de se modifier à mesure qu'évoluait la conscience de la personne humaine, de l'histoire et de l'univers. Notre époque est en marche, semble-t-il, vers la conscience d'une solidarité de destin de l'humanité : une nouvelle approche de Dieu s'est mise en place.

La foi est l'acte de marcher, d'aller de l'avant, sans s'arrêter ni regarder en arrière, acte de se laisser aspirer par un terme infini dont nous ne savons rien sinon qu'il est notre raison d'exister. Ce n'est pas remettre notre vie dans la main des dieux, c'est la prendre en charge et lui assigner un but, mais un but infini dont on éprouve que c'est lui qui nous a mis et nous maintient en route. Ce qui différencie la foi chrétienne de la croyance primitive et de toute autre croyance religieuse, c'est que le chrétien vise Dieu à travers un homme de notre histoire, Jésus : et c'est ce qui l'empêche de s'aliéner hors du monde et du temps. C'est aussi ce qui soumet la foi à l'épreuve de la vérité historique.

La foi n'échappe donc pas à l'ordre de la raison ?

C'est avec sa raison que le croyant s'approche de Dieu, puisqu'il a fallu nier la fausse évidence de l'omniprésence des dieux pour accéder à la foi au Dieu unique – Socrate en a porté témoignage au prix de sa vie. Je voudrais pourtant ramener d'abord la foi à l'acte de faire confiance.

Elle est l'acte de marcher avec Dieu la main dans la main, avec confiance, à marcher devant lui, sous son regard, dit la Bible, à suivre Jésus, dit l'Évangile. On commence par le faire comme un enfant, avec une foi enfantine, qu'on peut dire aveugle, puisqu'on se laisse conduire sans s'enquérir du lieu où on va, comme Abraham allant vers le pays lointain où Dieu voulait installer sa descendance. Mais le chrétien ne reste pas toujours un enfant, et il arrivera un jour où sa confiance en Dieu changera, il ne la perdra pas, elle ne sera pas moins forte, elle sera différente, parce que raisonnée. Il saura qu'il ne peut pas tout demander à Dieu, pas plus que Dieu ne peut tout lui demander : par exemple, il ne peut pas demander à Abraham de lui sacrifier son fils Isaac. La Bible est pleine d'histoires de ce genre, car elle est de l'ordre du narratif plus que de l'enseignement théorique. Elle apprend à vivre avec Dieu, à se comporter envers lui, en racontant comment il traite avec les hommes et comment il aime que les hommes traitent avec lui.

Et il arrive un jour où le croyant se rend compte que la Bible lui raconte des histoires, qu'il ne faut pas croire, mais à travers lesquelles se joue une histoire vraie, celle de Dieu avec nous. Dans l'histoire, il y a du visible et de l'invisible, il ne faut pas croire ce qui n'est que visible, mais l'invisible qui lui donne sens. Quand il a compris cela, le croyant accède à une foi « critique », adulte.

Et pour ce qu'il en est de nous-mêmes, est-ce que nous croyons en nous, croyons-nous que nous existons, savons-nous qui nous sommes ? Puis-je croire que je suis bon, que je suis vrai, que j'ai de la valeur, de l'importance ? J'ai une certaine foi en moi qui me permet d'exister sans me poser trop de questions sur moi, qui se base sur l'expérience du passé et qui anticipe un avenir incertain, auquel j'évite de penser. Je peux raconter ma vie, mais non ce qui fait que je suis moi et nul autre, je ne sais même pas ce qu'il y a de moi en moi, tellement j'ai pu être façonné par tant d'autres personnes et tant d'événements fortuits. Je me connais à travers le regard des autres plus qu'en regardant au fond de moi. Finalement, je vis de faire confiance à la vie qui m'a été donnée et qui ne cesse de m'entraîner au-delà de l'instant présent, de m'arracher au passé, c'est-à-dire à moi-même, pour me donner la chance d'exister par moi-même dans un futur tout neuf. La foi en Dieu est sans doute faite, en bonne partie, du besoin de croire que j'ai quelque part une valeur absolue, que je compte au regard d'un autre qui m'a donné d'être pour lui.

L'homme se découvre comme pris lui-même dans un mystère. Et la foi en Dieu, c'est la transcendance absolue d'une transcendance relative qui se manifeste en moi en tant que je ne suis pas issu de moi seul, mais issu d'une histoire et d'un monde, à laquelle et auquel j'ai été donné. Donné par un pur hasard dans lequel je pressens un pur amour. Je suis en transit, sans pouvoir dire vers quoi, sinon que je suis attiré par une volonté aimante qui donne d'être à tout ce qui est. On n'échappe pas au mystère. On pourrait raisonnablement refuser de lui donner le nom de Dieu. Mais est-ce bien nous, les hommes, qui avons inventé ce nom ? Ou n'est-ce pas plutôt Dieu qui se nomme en nous par la postulation irrépressible d'un sens infini ? Il n'y a pas que sentiment dans la foi, il y a un besoin d'intelligibilité, une recherche du sens. C'est ce besoin qui a arraché la foi à la religiosité des temps anciens, qui a engendré la mythologie comme première tentative d'explication des origines, puis l'a transformée en philosophie chez les Grecs ; c'est cette même recherche du sens qui a écouté la Parole puis la Sagesse de Dieu chez les Juifs, et qui a ensuite engendré la théologie rationnelle chez les Chrétiens. L'homme chrétien est devenu sujet sous le regard d'un Dieu conçu comme Justice souveraine et Amour infini. La confiance en Dieu l'a conduit à prendre la responsabilité de soi-même, qui a permis à l'homme de la modernité de s'émanciper de la tutelle de Dieu, tandis que le croyant continue à faire confiance à Dieu pour croître dans la vraie liberté qui est le don de soi aux autres.

La distance doit être maintenue entre Dieu et nous, pour que l'homme reste lui-même, mais sans séparation, afin qu'il s'élève en humanité dans sa tension vers Dieu : ainsi la foi chrétienne maintient-elle l'écart entre Dieu et l'homme Jésus, tout en concevant Jésus à la droite de Dieu, – dans la distance et l'unité.

Le changement de société qui se déploie ne risque-t-il pas de détruire les traditions religieuses de la société d'où nous sortons ?

Ce qui risque de disparaître, c'est le lien social qui jusqu'à présent a toujours été – je ne dis pas uniquement mais fondamentalement – religieux. C'est la thèse de l'École française de sociologie, sauf qu'elle ramenait le religieux au social. Mais nous, nous aurions tendance maintenant, quand on fait une étude des civilisations anciennes, à dire davantage que le social est ou était du religieux. Admettons que la thèse est réversible, et donc que le choix croyant des individus a été peu prégnant dans l'antiquité, du fait que la croyance des gens était beaucoup plus soutenue par le lien social lui-même. Cela a été beaucoup moins vrai dans les premiers temps du christianisme, puisqu'il a commencé par un acte de conversion au Christ qui imposait au croyant de rompre soit avec la loi religieuse du peuple juif soit avec les coutumes de la cité païenne. Admettons encore que le lien du christianisme à la société des peuples européens, dû à la symbiose de l'Église et de l'Empire romain, ait eu pour effet de répandre la foi par la force d'une tradition sociétale et historique. Mais nous en sommes loin depuis la laïcisation des États et la sécularisation croissante des sociétés européennes.

En prenant en main l'organisation de l'existence sociale des individus, l'État a provoqué le retrait de la religion, selon la thèse de Marcel Gauchet, de tous les lieux où les fonctions qu'elle exerçait dans la société lui assuraient une présence prééminente, et les individus se détachaient d'une religion qui ne leur était plus imposée par la pression sociale et dont ils n'avaient plus besoin pour tenir leur place dans la société : la perte du lien socio-religieux affecte forcément beaucoup la croyance des individus, et l'on vit ainsi l'incroyance se généraliser. Cela arrive dans toute la mesure où la religion d'un individu dépend d'une croyance qui est commune à son environnement familial, social et culturel, sans avoir fait de sa part l'objet d'un choix réfléchi et d'une décision délibérée, d'un *acte* personnel de croire. C'est là une raison de distinguer le mot « foi » et le mot « croyance » pour personnaliser davantage la foi en tant qu'engagement de l'individu qui prend en main ses destinées, qui réfléchit sur son être au monde, sur son vivre en société et qui oriente son destin selon un lien personnel avec Dieu.

Dans cette perspective, certains pensent que la référence à des *racines chrétiennes* serait un moyen de souder un certain « peuple européen ». Comment voyez-vous un destin commun, autrement qu'en revenant à un projet de chrétienté aussi illusoire qu'insensé ?

Pour moi, ce n'est pas tellement le mot « racine » que j'emploierais, parce que ce mot signifierait que l'Europe a pris naissance totalement et uniquement dans le christianisme ; je dirais « tradition » : qu'est-ce qui nous rassemble ? qu'est-ce qui fait que l'Europe représente une certaine identité ? On ne peut pas faire abstraction de son passé, et ce passé, c'est le christianisme.

Mais faut-il se fixer sur ce point ? Je ne crois pas. Cela nous aiderait-il à construire notre avenir ? Je ne le crois pas. En tous cas, certainement pas en concluant qu'il faut privilégier la religion chrétienne, la restaurer. Non, ce n'est pas ma pensée. Je voudrais pourtant dire que l'Europe, si elle prenait conscience de la tradition chrétienne qui l'habite, même si elle n'est plus croyante, car notre passé ne cesse jamais d'être en nous, pourrait définir avec plus de force l'humanisme dont elle se veut porteuse et notamment les Droits humains, avec tout le respect de l'individu que cela implique. Un travail délicat et multiple nous attend sur ce terrain. Les droits de l'Homme, par exemple, conduisent-ils à autoriser la femme musulmane à porter le voile ou à le lui interdire ? Qu'est-ce qui respecte le mieux sa personne ? Qu'est-ce qui est le plus propre à faciliter son intégration à la société européenne ? Voilà le genre de questions qui se posent maintenant aux citoyens de l'Europe. Il n'est pas nécessaire de se référer explicitement au christianisme pour y répondre, mais un chrétien trouvera dans l'Évangile de quoi orienter sa réflexion sur ce sujet, et aider ses concitoyens à y réfléchir, en tant que la tradition culturelle européenne a gardé en elle des « valeurs » issues du même Évangile.

Prôner un « humanisme évangélique », comme j'aime le faire, ce n'est pas nourrir un « projet de chrétienté », entretenir le rêve d'un retour à la religion pour assurer l'avenir de l'Europe. Je ne crois pas à un retour en arrière. Je pense que la foi, en se personnalisant, se fixe davantage sur son pôle éthique. Il me semble que c'est cela l'évolution qui se dessine sous nos yeux. On peut admettre en ce sens que le christianisme a préparé le retrait de la religion en cela justement qu'il a tout misé sur l'amour, sur la charité. Je méditais un peu ce matin un passage de la première lettre de Pierre qui souligne fortement la place centrale de la charité, de l'amour fraternel, de l'aide mutuelle, du pardon dans l'Évangile ; et on lit la même chose chez Paul, chez Jean, chez Jacques : c'est une polarité proprement évangélique. C'est peut-être sur ce plan-là que va se dessiner l'avenir de l'Église comme l'avenir en général des sociétés européennes et autres. L'avenir de l'Église : à supposer que les chrétiens se détachent suffisamment des formalités traditionnelles de la religion, propres à toutes les religions, fondées sur le culte, pour orienter leur foi davantage vers le service d'autrui en particulier et de l'humanité en général.

C'est cela que vous appelleriez une *religion pure* ?

Je n'ai pas employé cette expression. Vous la trouverez par contre dans l'épître de l'apôtre Jacques (1, 27) qui écrit : « La religion pure et sans reproche aux yeux de Dieu notre Père consiste en ceci : visiter dans leur détresse les orphelins et les veuves, et se garder soi-même indemne des souillures du monde. » L'orientation éthique de cette déclaration est incontestable. Si vous voulez dire, par contre, que la « religion pure » se ramène purement et simplement à « faire la charité » au sens le plus vague de l'expression, je ne garantis pas que cela traduirait exactement la pensée de saint Jacques ! Mais qu'il n'y ait pas de vraie religion là où il n'y aurait pas de charité, au point que celle-ci – au sens étendu et absolu que lui donne l'Évangile – puisse suppléer à celle-là, je vous accorde volontiers que telle serait pour moi la « religion pure ». Mais on est loin de l'amour au sens le plus vague du terme, que vous semblez envisager...

Pas forcément le plus vague, mais le plus partagé, bien au-delà du christianisme...

Le plus partagé... Est-il tellement partagé ? Là où vous verriez vraiment quelqu'un dominé par le service d'autrui, moi je dirais que je reconnais là un croyant, même si sa foi ne s'exprime dans aucun énoncé dogmatique. Un croyant (je n'ai pas dit un chrétien), pourquoi ? Parce qu'il y a une sortie de soi vers l'autre – vers un autre perçu comme un transcendant. Même si cet homme dit « *Dieu, je ne connais pas* », il n'empêche que c'est un mouvement de foi. Je veux dire par là qu'il peut simplement se convaincre que c'est la voie propre de l'humanité que de se consacrer à développer l'humanité de l'autre. Je ne prétends pas le contraindre à transcrire en termes religieux ce qui se présente à sa conscience comme un simple devoir d'humanité, non ! Mais, à mes yeux, il est déjà pris dans un mouvement de transcendance et, pour moi, c'est cela la foi, dans un sens large, je vous l'accorde ; la foi n'est pas que cela, mais s'oublier au profit de l'autre, c'est déjà de la foi.

Vous m'avez demandé plus tôt : « Qu'est-ce que c'est que la foi en Dieu ? Comment peut-on définir Dieu ? Ou la foi ? » Je ne pense pas que cela soit exactement définissable. Déjà les Anciens, aussi bien les théologiens juifs que chrétiens et même les philosophes stoïciens, disaient que Dieu est innommable. S'il est innommable, ça veut dire qu'on ne le comprend pas. On le pense, sans pouvoir l'enfermer dans un concept. On le pense quand même ; cela veut dire que l'homme saisit une certaine transcendance, il dit Dieu parce qu'il se sent dépassé, infiniment. De même pour la foi : je suis capable de tenir discours sur *la* foi, mais je ne suis pas sûr de pouvoir rendre compte exactement de *ma* foi, dire ce qui me fait croire, ce qui se passe en moi quand j'examine ma foi, quand je doute, puis que je me sens fortifié dans un mouvement ou un sentiment de foi. Croire, c'est se sentir saisi par une force, une impulsion, une Présence, qu'on peut refuser, et par laquelle on se laisse saisir et entraîner comme vers son propre destin.

Si je reviens maintenant à la foi « au sens large », à un sentiment de transcendance qui ne va pas jusqu'à l'invocation de Dieu, y trouverai-je un avenir pour le christianisme ? Oui, mais à la condition que ce sentiment soit entretenu par des gens qui croient à la transcendance au sens fort et précis du terme, à celle qui a sa source en Dieu même, ainsi qu'on en parlait la dernière fois. Car le sentiment d'une transcendance peut se dégrader et se perdre, perdre le goût, l'élan et le sens de l'infini, s'il n'est pas constamment régénéré à sa source divine. C'est le christianisme, aidé certes par tout ce qu'il a puisé dans l'Ancien Testament et dans la philosophie grecque, qui a donné l'élan à la reconnaissance, par la pensée occidentale, de la dignité de la personne humaine et de toutes les « valeurs » que nous attachons au mot d'humanité. Des chrétiens du IIe siècle vantaient auprès des païens cultivés l'excellence de l'éthique évangélique, qu'ils avaient apprise, disaient-ils, « à l'École du Logos (du Verbe, ou de la Raison divine) », c'est-à-dire du Christ, dont ils appelaient l'enseignement « la vraie Philosophie ». Ils voulaient ainsi montrer que la pensée évangélique a de quoi susciter, nourrir et entretenir la réflexion philosophique dont l'homme a besoin pour se connaître en vérité et conduire son destin vers ses fins véritables. C'est ainsi que le christianisme a répandu des semences évangéliques dans la pensée européenne. C'est pourquoi il doit continuer à rester en lien avec elle. Nullement pour qu'elle reconnaisse ce qu'elle lui doit et la faire revenir vers lui. Mais pour entretenir en elle l'élan de la transcendance, le goût de l'infini, la ferveur de l'absolu, de l'amour inconditionné et gratuit dont l'Évangile a donné le nom à Dieu.

Est-ce que, d'une certaine façon, la position la plus raisonnable et la plus pertinente ne serait pas celle qui nous mènerait à une forme de théologie négative : le fait de refuser même de tenter de définir Dieu ?

Excusez-moi de vous répondre qu'il ne faut pas avoir lu beaucoup de théologie négative pour penser cela ; Derrida s'étonnait en effet voici quelque temps de la trouver aussi bavarde ; et de quoi croyez-vous qu'elle parle tant, si ce n'est de Dieu ? Avouez qu'il ne serait pas très raisonnable de prononcer le nom de Dieu en s'empressant de prévenir qu'on ne sait pas ce qu'il signifie. S'il fallait s'abstenir de dire ce qui nous vient à l'esprit quand on le prononce, le seul parti raisonnable serait de ne plus le prononcer, et il n'est pas besoin d'invoquer Wittgenstein à ce propos.

Cela dit avec un peu d'humeur, j'ai déjà admis que Jésus ne tenait pas discours sur Dieu, il n'a pas cherché à faire école à la façon des philosophes de son temps, il se contentait d'indiquer, le plus souvent en images, les voies qu'il fallait suivre pour entrer dans le Royaume de Dieu. Il a pourtant donné ou inspiré une définition de Dieu : « *Dieu est amour* ». Elle suffit aux chrétiens pour parler de Dieu, non en discours savants, mais selon l'abondance du cœur.

Aujourd'hui comment pourrait-on définir le chrétien ? Qu'est-ce qu'être chrétien ? Et qu'est-ce qui fait que, notamment au sein de l'Église catholique, des groupes qui ne partagent plus grand-chose, voire qui entretiennent un franc antagonisme, puissent encore avoir le même nom : celui de chrétiens ?

Ne vous scandalisez pas trop vite : il en a été ainsi depuis le début de l'Église ! Il y a sans doute différentes façons de concevoir les chrétiens ou de se concevoir chrétiens, selon qu'on tient compte des particularités des différentes confessions chrétiennes qui se sont séparées les unes des autres au cours des temps, ou des différentes sensibilités religieuses qui créent actuellement des dissensions au sein du groupe catholique. Si vous vous référez aux discussions qui eurent lieu au début du siècle dernier lors des discussions sur la séparation de l'Église et de l'État, on disait dans le camp laïc : le catholique est quelqu'un qui obéit au Pape. C'est encore ainsi que beaucoup de gens le définissent couramment. Mais ce n'est pas très pertinent.

Pourquoi ce critère n'est-il pas pertinent pour vous ?

Etre chrétien, c'est lire l'Évangile dans une communauté pour le traduire en actes dans sa vie. Dans une communauté de chrétiens, bien sûr, mais ouverte à d'autres, parce que l'Évangile est mission, envoi au monde, et où l'on se poserait des questions fondamentales – du type : « qu'est-ce que l'homme ? Qu'est-ce que la société ? » – car l'Évangile est fait pour être vécu au cœur du monde, au cœur des questions et des difficultés de la vie de tout le monde et de chaque jour.

Le chrétien du XXIe siècle, à ce que je pense, définira sa foi par sa citoyenneté. J'entends par là sa vie en Église, mais conjointement et au même degré, sa vie dans le monde, sa vie en société, engagée dans les problèmes concrets du peuple (français), de la construction européenne, et également en pleine solidarité avec ce qui se passe dans les autres pays, avec tout ce qui met en cause l'humanité de l'homme. Un écrivain chrétien du IIe siècle, l'auteur anonyme de la *Lettre à Diognète,* disait que le chrétien est « l'âme du monde », parce qu'« aucune patrie ne lui est étrangère ». Il me semble que le chrétien de notre siècle définira sa foi semblablement en la disant et en la rendant solidaire de toutes les questions, économiques, politiques ou culturelles, qui mettent en jeu ou en péril la dignité de l'homme, l'unité des peuples, l'humanisation des sociétés.

Comme vous le voyez, je parle ici de la foi chrétienne, qui est engagement de vie, et non de la croyance, ni de la religion, tous mots que j'avais différenciés dès notre premier entretien. La foi s'exprime dans des croyances doctrinales et des pratiques religieuses, mais elle est par essence relation à Dieu à travers les autres et au service du monde. Dans les faits, toutefois, le croyant risque toujours de s'enfermer dans ses croyances et ses pratiques, et de ne plus chercher Dieu que dans sa singularité religieuse. Mais la modernité a sécularisé une partie du patrimoine chrétien : Spinoza tenait que Jésus dans l'Évangile s'adresse à la raison commune et donc universelle ; Kant concevait le *Royaume de Dieu* comme le règne de la moralité accessible à tout homme raisonnable. Le croyant qui veut annoncer l'Évangile au monde, y ouvrir des voies au *Royaume de Dieu*, est provoqué à sortir de son enfermement dans du religieux pur et à parler à son tour ce langage dans lequel une raison sécularisée a retranscrit ce qu'elle a gardé de son passé chrétien ; et c'est ainsi que le christianisme pourra se donner un avenir dans ce monde qui lui a échappé.

Le croyant qui ambitionne de répondre à l'appel du Christ à la mission fera prévaloir le *pôle évangélique* du christianisme sur son *pôle religieux ;* il paraîtra peut-être ainsi s'écarter de la tradition religieuse du christianisme, mais il ne s'écartera pas de sa tradition évangélique, car Jésus n'a laissé aux siens aucun code religieux proprement dit, au sens où la religion antique se définissait par la lecture attentive et scrupuleuse du rituel (*relegere*). Certes la foi au Christ s'est exprimée très tôt dans la liturgie d'une communauté priante, et donc religieuse, qui pratiquait le baptême et l'eucharistie. C'est pourquoi la prééminence accordée au pôle évangélique ne détruit pas l'importance du pôle religieux, mais maintient la finalité missionnaire de l'institution religieuse.

Or l'Évangile se définit largement par sa visée *éthique* : primat de l'amour du prochain et de la réconciliation avec ses ennemis, de la justice et du souci des pauvres et des petits, défense des valeurs d'humanité. S'orienter vers un pôle évangélique, et par conséquent éthique, ce n'est donc préconiser ni une restauration ni une reconquête religieuses. Ce sera peut-être s'écarter du visage longtemps traditionnel du catholicisme, dominé par son ritualisme hiérarchique, ce sera forcément apprendre à penser sa foi autrement, à vivre autrement en Église, à parler un autre langage ; ce n'en sera pas moins mettre en valeur le plus beau sens du mot « catholique » : sa visée de l'universel. Je préfère souvent me dire « chrétien », pour signifier que l'essentiel de ma foi est de croire au Christ, que « catholique (romain) », un mot un peu trop marqué par l'impérialisme et le primat de la hiérarchie. Mais, s'il s'agit d'exprimer l'ambition de l'Évangile de tout pénétrer pour servir partout sans rien asservir, alors j'aime me dire « catholique ».

Comment concilier les lectures de l'Évangile que fait d'une part la communauté protestante qui, aux États-Unis, a défini un sionisme chrétien, et celle des chrétiens palestiniens, toutes confessions confondues, qui s'interrogent sur l'idée de « terre promise » ?

Je ne suis pas au courant de ces débats. Mais je crois savoir que les débats sur ce sujet se réfèrent à l'Ancien Testament plus qu'à l'Évangile. Même s'il envisageait pour mission la réunification des douze tribus d'Israël, comme le pense l'exégète américain J. P. Meier, Jésus n'a jamais ambitionné de restaurer la royauté politique d'Israël, et ce qu'il disait de l'ouverture du Royaume de Dieu aux pécheurs d'une part, aux Nations d'autre part, montre qu'il ne lui assignait pas des limites étroitement nationalistes ni puristes : ce Royaume, pour lui, c'est avant tout la maison de son Père, du Père commun des hommes.

Nous avons sans doute à penser du nouveau sur Jésus à

partir de ce que l'histoire nous apprend de lui en tant qu'homme, ce qui paraît l'enfermer dans son pays, son temps, sa culture. Mais il y a aussi ce que la foi en dit, et elle en juge sur la base de sa résurrection, qui l'a transfiguré et universalisé. Jésus Christ est une personne « évolutive », ouverte à sa mission et à l'action de Dieu en lui et à tout l'avenir de sa propre histoire qu'il abandonne à son successeur et suppléant, l'Esprit Saint Paraclet (Jean 14, 16-18). L'avenir vers lequel il avançait sans le connaître n'avait pas de limites fixes, car elles reculaient à mesure qu'approchait son « heure ». Finalement, c'est dans son Église qu'il a repris corps, mais sans enfermer en elle les limites de son Royaume toujours à venir. La tradition « catholique » ne nous *ferme* donc pas sur une vérité qui aurait été déposée à un certain moment de l'histoire dans quelques individus, et qui ne pourrait se dévoiler et s'accomplir que dans un lieu bien déterminé et fermé. Elle ouvre sur l'avenir de l'humanité et sur l'universel humain : elle est évolutive.

Et si on recentre la focale sur le catholicisme, on a aujourd'hui l'impression que le credo catholique, pour des esprits contemporains, est rébarbatif sur plus d'un point – rébarbatif ou incompréhensible. Que peut-on dire aujourd'hui de ce credo catholique ? N'est-il pas, en Europe du moins, un repoussoir ou un obstacle plus qu'un levier ou un chemin pour accéder à Jésus, et à travers Jésus, à Dieu ?

Le credo catholique, c'est d'abord le Symbole des apôtres, qui donne les coordonnées historiques de Jésus : *né de la Vierge Marie, crucifié sous Ponce Pilate, mort, ressuscité...,* tout en orientant vers la vie éternelle par la communion à l'Esprit Saint : il est difficile de se dire catholique sans cette référence. Ce symbole plonge ses racines dans la prédication des apôtres, d'où son nom ; il servait dès le IIe siècle, avec des variantes, pour la profession de foi du baptême ; les Pères le définissaient comme « le signe de reconnaissance » usité entre chrétiens : il est incontournable.

Mais vous pensez peut-être au credo dogmatique de Nicée-Constantinople qui proclame le Christ « *Fils unique de Dieu, engendré avant tous les siècles, de même nature que le Père* ». Je vous accorde qu'il nous éloigne du Jésus historique, retiré de ses origines terrestres, humaines et temporelles, dans lesquelles, cependant, il replonge vite le Christ en reprenant le fil du Symbole des apôtres : « *Pour nous les hommes et pour notre salut, il descendit des cieux, il prit chair de l'Esprit Saint et de la Vierge Marie, et devint homme.* » Que cette descente du ciel fasse problème pour reconnaître la vraie humanité de Jésus, je vous le concède, et le théologien doit s'en expliquer ; mais c'est ainsi que toute la tradition chrétienne, sur la base de la révélation, a rattaché Jésus à Dieu pour ouvrir aux hommes un accès à Dieu à travers son Fils : ce chemin-là aussi est incontournable.

Ce chemin a été ouvert sur le plan de l'être, sur la base de la pensée grecque, qui était alors et qui est toujours la visée de l'universel, du *pôle infini de l'esprit,* a dit le philosophe allemand Edmund Husserl. Mais la pensée contemporaine est plus ouverte sur l'histoire, que la phénoménologie s'efforce de concilier avec la visée de l'être. C'est aussi la visée de la théologie, avec la singularité qu'elle tient de sa base révélée. Reprocheriez-vous à la philosophie d'être « rébarbative » ? Alors, soyez indulgent pour la théologie qui essaie de penser ensemble l'être et le temps : n'est-ce pas toute la destinée humaine et chrétienne qui est ici mise en jeu.

Enfin, quand vous dites que le credo est un « repoussoir », vous pensez sans doute à l'ensemble des dogmes catholiques pris en bloc, à ce monument grandiose appelé

« catéchisme universel ». Que ce bloc soit ressenti comme un carcan par bien des catholiques, qu'il ait grand besoin d'être dépoussiéré, désarticulé, simplifié, j'en suis persuadé autant que vous. Mais pourquoi vous en encombrer ? Pourquoi ne pas vous en tenir au Symbole de la foi ? C'est lui qui est « la règle de la vérité », disait saint Irénée, et les Pères de l'Église affirmaient qu'il contient en lui seul tout ce qu'il est nécessaire de croire pour être un vrai chrétien et être sauvé. S'il ne vous donne pas suffisamment à penser, vous avez les évangiles ; et si vous y trouvez des difficultés, les paraboles ouvrent aux enfants de Dieu un vaste champ où ils peuvent circuler en toute liberté.

Eu égard aux défis du temps, en quoi le christianisme – ou plutôt l'Évangile – propose-t-il aujourd'hui un chemin singulier et concret de libération – concret ou plutôt opératoire ?

Pour moi, c'est son orientation fondamentale qui incarne le commandement de l'amour de Dieu dans l'amour du prochain. Un prochain qui est n'importe qui. Ce n'est pas mon frère, ce n'est pas ma famille, ce n'est pas quelqu'un de ma race, ni le croyant de ma religion, ce n'est pas l'homme de ma culture. C'est *n'importe qui* que je rencontre et qui est dans le besoin. *Avant tout* l'homme dans le besoin ! C'est ça pour moi qui est caractéristique de l'esprit évangélique. Même quand on vise Dieu, on le vise à travers la communauté humaine qui est en voie de se façonner dans l'universalité. Dieu n'est pas au bout simplement de mon Église : Dieu est au bout de l'histoire.

Et c'est *là* que le chrétien prend conscience de sa vocation qui est d'aider l'humanité à réaliser, à accomplir ses fins transcendantes. L'Église n'a pas sa fin en elle-même. Alors déjà elle doit renoncer à être le lieu du salut de tous les hommes, car elle n'a pas dénoncé son ancienne formule « *Hors de l'Église pas de salut* ». Pratiquement, aujourd'hui, elle est bien forcée d'admettre que des gens se sauvent en dehors d'elle, des gens qui ne veulent pas entendre parler d'elle. Elle ne peut pas le refuser et dire qu'ils sont damnés, sous peine de porter condamnation contre elle-même en reconnaissant qu'elle n'est pas vraiment universelle, ou qu'elle est en défaut de catholicité.

L'Église doit prendre conscience de sa vocation à l'universalité, pas comme elle l'a fait dans le passé, quand elle prétendait enfermer en elle tout ce qui peut être sauvé, mais en s'ouvrant à tout ce qui est appelé à être sauvé. Dans son état actuel, où elle s'éprouve désertée ou rejetée par tant de gens, elle peut se sentir abandonnée de Dieu. Mais comme le Christ. Il n'est guère de chrétiens aujourd'hui qui n'éprouvent ce sentiment d'abandon. Situation assurément inconfortable, comme une pérégrination à travers des pays étrangers, une *errance*, mot remis en vogue à la suite de Vatican II : tout chrétien se reconnaît comme un « araméen errant ». Il y a un sens humaniste profond là-dedans, universaliste ; c'est là où je dis : tout homme est mon frère.

En quoi cet horizon-là est-il un horizon de libération ?

Parce qu'il ne permet pas d'enfermer l'absolu dans du particulier, le salut de l'humanité dans la société Église ni dans ses moyens cultuels ou sacramentels. Et semblablement il interdit toute idolâtrie de la société, de la politique. Il interdit à toute nation de se faire le centre du monde, de vouloir dominer les autres nations. Il n'admet pas d'autorité qui asservisse l'individu à la société, à la race, à la productivité, à l'argent, ou à quoi que ce soit. Il introduit, c'est vrai, un élément de désagrégation – c'est ce que Maurras reprochait à l'Évangile, alors qu'il admirait profondément le catholicisme, l'ordre de l'Empire romain qui s'était sauvegardé dans la hiérarchie de l'Église romaine. C'est peut-être pour cela qu'une Église fidèle à l'Évangile sera toujours persécutée. Mais c'est dans son refus de se soumettre aux ordres des puissants de ce monde qu'elle sera pour tous les persécutés une école de libération. Le chrétien pose toujours des questions, met tout en question, invente des voies nouvelles : « *C'est pour la liberté que Christ nous a libérés* », dit Paul aux Galates (5, 1).

Cela sous-entend donc que le chrétien est amené de façon quasi nécessaire à entrer en conflit avec le monde – le monde comme organisation sociale...

Conclusion hâtive, posée en termes trop généraux. Telle que vous la formulez – conflit nécessaire avec l'organisation sociale –, le chrétien apparaît comme un homme anarchique. Or relisez saint Paul dans la *Lettre aux Romains* : « Que tout homme soit *soumis aux autorités* qui exercent le pouvoir, car il n'y a d'autorité que par Dieu » (13, 1). Alors qu'ils étaient persécutés par les empereurs païens, les premiers chrétiens protestaient de leur obéissance aux lois de l'Empire et à toute personne exerçant une autorité légitime.

Par contre, si vous voulez dire que toute organisation politique, sociale ou économique, étant en position de force, est toujours en danger d'abuser de son pouvoir et se heurtera alors à la vigilance et à la résistance du chrétien au nom de l'Évangile, là vous avez raison. Il est une consigne très précieuse donnée par Paul aux chrétiens de Rome, avant qu'il ne leur ordonne la soumission aux autorités : « *Ne vous conformez pas au siècle présent,* mais soyez transformés par le renouvellement de votre pensée » (12, 2). Commentant cette phrase, Alain Badiou y montre la fondation du sujet en même temps que de l'universel, car tout conformisme s'enferme dans la particularité, aussi faut-il avoir le courage de déroger à la coutume pour se poser en libre individu et s'ouvrir à une pensée nouvelle où d'autres pourront se reconnaître, et c'est par ce labeur incessant de la pensée que se construit un véritable universalisme.

Comme l'avait compris la *Lettre à Diognète,* l'Évangile appelle le chrétien à devenir « citoyen du monde ». Il l'entraîne ainsi sur le terrain politique, social, économique, de la construction de la cité terrestre, ordonnée au bien le plus général de l'humanité. Mais comme toute organisation sociale tend à un bien particulier affronté à d'autres particularismes, le chrétien est mis dans la position inconfortable de contribuer à ce bien tout en le visant *autrement.* Voilà comment je vois le « conflit avec le monde » dont vous parlez : le chrétien doit s'engager dans un service de ce monde et en même temps se désengager, car il ne joue pas le jeu du même contre l'autre. Allié dérangeant, il sera toujours en porte-à-faux avec ceux qui érigent à leur profit les règles du jeu : « Je ne suis pas venu apporter la paix, mais bien le glaive », dit Jésus (Matthieu 10, 2).

Et dans la mesure où les exigences – ou les impératifs, ou les vocations – du croyant viendraient à entrer en conflit avec les exigences du citoyen historiquement et géographiquement situé, comment trancher le débat – un débat intime cette fois ?

Il n'y a pas de réponse *a priori* à cette question. Les questions les plus graves auxquelles nous avons à répondre, autant dans le christianisme que dans la société politique, n'ont pas de réponse préexistante. La réponse se trouve dans la recherche, dans « *le renouvellement de la pensée* », comme le dit Paul. C'est en se mettant avec d'autres à chercher la réponse qu'on la trouve, ou disons qu'on la fabrique, qu'on la fait. La vérité est là, elle se fait. À cet égard, il est bon que le chrétien ressente la contradiction, celle qu'il porte aux autres, celle qui lui est portée à lui-même. C'est cela qui l'aide à trouver sa propre vérité, qui ne sera jamais la sienne *seule*.

La vérité de l'action du chrétien est liée à l'inconnu de la vérité théologique de sa foi. Qui est Dieu ? Nous le saurons quand nous le verrons face à face. Pour l'instant, nous pouvons dire : Dieu, c'est cette force qui nous porte en avant et nous saisit, qui va nous mettre au service des autres, et qui nous fait poser et affronter les questions nouvelles que nous ressentons comme vitales pour l'ensemble de l'humanité.

Alors que faire, vers quelle aide se tourner quand on sent que cette force nous abandonne, ou qu'elle s'éteint en nous ?

Elle ne nous abandonne jamais totalement, en ce sens qu'elle nous donne la force d'en sortir. Quand elle nous fait chercher les vraies questions et ensuite les vraies réponses, là même est le secours que nous recevons de Dieu. Ce que nous attendons de lui, ce n'est pas une aide matérielle qui transformerait les choses et qui du même coup nous dispenserait de nous engager dans la recherche et dans l'action. Non. Dieu me fait prendre conscience de mes responsabilités dans le monde, du fait qu'il compte sur moi pour faire aux autres le bien qu'il leur destine. Il me fait sentir ce que je dois aux autres, il m'envoie au monde, toujours ailleurs et plus loin, et il me donne la force d'aller toujours de l'avant.

La foi, c'est cette force que Dieu nous donne de sortir des réponses toutes faites, de la répétition du même, de sortir des moyens déjà connus pour aller à lui, à lui qui est toujours ailleurs. « *Qu'est-ce que Dieu ? Qui est Dieu ?* » :

c'est l'éternelle question qui remet perpétuellement le chrétien sur la route des hommes.

Dans cette perspective, peut-on dire que Dieu est quête perpétuelle et infinie de vérité et de justice ? Est-ce que cela suffirait ?

Oui, cela peut se dire à juste titre. Mais est-ce suffisant ? Peut-être faudrait-il ajouter que Dieu ne laisse pas de nous faire trouver ce qu'il nous laisse pourtant chercher inépuisablement. C'est ce que suggère la définition que propose l'Evangile, *Dieu est Amour*. Je dirais donc que Dieu, c'est la source de l'amour qui est dans l'homme et qui l'a fait évoluer et grandir depuis les origines ; il a fait sortir l'homme de l'animalité, puis de son enfermement dans une famille, un clan, une tribu ; il a constamment dilaté l'individu, il lui a fait prendre conscience de sa dignité et de celle de l'autre, jusqu'à prendre peu à peu la dimension de l'universalité.

Dieu, c'est la source de cette force que nous éprouvons, qui est exigence et puissance, et que j'appelle la foi – même si elle ne s'exprime pas dans un énoncé dogmatique ni dans une appartenance à une institution particulière.

Il pourrait sembler *a priori* contradictoire, ou en tout cas paradoxal, que, dans le champ chrétien, l'homme soit d'une part à l'image de Dieu et d'autre part marqué par le péché originel...

Le péché originel, quelles que soient les discussions qu'on peut faire sur son origine et les définitions qu'on peut en donner, c'est un péché *universel,* mais qui entraîne à un mauvais universel, au règne de l'individualisme et du particularisme, par opposition à celui dont nous parlions voici quelques instants en citant saint Paul, à la croissance de la personne qui s'agrandit aux dimensions totales de l'humanité. Ce qui apparaît comme le péché originel, c'est tout ce qui referme l'homme sur lui-même, le replonge dans son passé, le rabat sur une jouissance immédiate, lui donne de se contenter de son petit bonheur quotidien. C'est une force d'inertie qui l'empêche de grandir et d'évoluer, de s'ouvrir à l'appel des autres ; c'est aussi l'envie, la jalousie du bonheur de l'autre, le mauvais désir de lui enlever son bien. Ce désir peut lui donner la force mauvaise de combattre l'autre, de le voler, de le réduire en servitude. Et cette force peut s'emparer de tout un clan, de tout un pays, de toute une société, lui donner le vertige de dominer d'autres peuples, voire le monde entier, l'ivresse de verser le sang de ses semblables. On parle d'un péché « originel », parce qu'on le trouve partout à l'œuvre, partout rampant et renaissant, dans le plus lointain passé des peuples comme au début de toute vie individuelle.

Des philosophes l'ont défini comme le mal fondamental ou radical, comme la « sécession » ou « division des consciences ». C'est le fait que les hommes ne parviennent pas à dire un vrai « nous » dans lequel tous les « je » d'alentour pourraient s'épanouir et s'exprimer harmonieusement. Ou bien le *moi* s'agrandit à un *nous* exclusif : nous, les Français par opposition aux Allemands ; nous, les gens de notre classe, pour se distinguer des petites gens. Ou bien le *nous* abolit le *je* : la famille qui empêche l'émancipation des enfants, la société tyrannique qui ne tolère pas de différences. Dans le dogme catholique, le péché originel est ce qui empêche l'humanité, créée à l'image du Dieu unique, de parvenir à l'unité, et l'individu, destiné à devenir fils de Dieu, de revêtir sa pleine dignité de personne humaine. Le « monde présent » auquel il ne faut pas « se conformer », selon Paul, c'est ce mal qui nous ronge du dedans depuis notre naissance – pas un mal inguérissable, une malédiction, une fatalité qui nous poursuit – et nous pénètre aussi bien du dehors, de partout, en vertu des liens de solidarité qui nous lient aux hommes de tous les temps et de tous les lieux.

Mais invinciblement, pour que les hommes parviennent un jour, s'ils y réussissent, à s'exprimer tous dans un même « Soi » qui serait la conscience de leur humanité une et commune, il a bien fallu, il faut encore, il faudra toujours que chacun commence par dire « moi », ce qui est la première prise de conscience de l'individu. Faisant cette observation, Hegel en conclut que le mal originaire porte en lui l'espoir de sa rédemption – faisant ainsi écho à la liturgie du Vendredi-Saint qui chante : « *Heureuse faute* (d'Adam) qui nous a procuré un tel Rédempteur ». Pour ce motif, ne disons pas que le dogme du péché originel souille et endeuille à jamais la mémoire de l'humanité, et éteint à jamais l'espérance des hommes de sortir un jour des maux qui les accablent. Il nous faut lire le péché du « premier homme » comme le fait saint Paul qui lui oppose tout de suite la figure du Christ (*Lettre aux Romains*, chap. 5). La croyance au péché originel n'est pas propre au christianisme, on trouve quelque mythe analogue dans la plupart des récits de création ; ce mythe exprime la conscience des hommes d'être victimes d'un mal dont ils sont aussi coupables et qui est la rançon de leur grandeur. Mais le christianisme leur donne l'espérance et l'assurance d'échapper finalement à ce mal, car, tous solidaires en « Adam », ils le sont également dans le Christ, et ils partageront sa victoire sur la mort s'ils communient à sa lutte contre tout ce qui opprime et enlaidit l'humanité.

De quel soutien nous est Jésus aujourd'hui, dans un monde qui idolâtre la consommation, l'appât du gain, quel est l'avantage d'envisager la vie à sa suite comme un combat où il y aura fatalement des gagnants et des perdants ? Il est un soutien, parce qu'il montre que la résurrection est sortie de sa mort et qu'il en sera pour nous comme pour lui. Acceptant la mort dont il était menacé, il a renoncé au succès qu'il pouvait espérer, mais il a mené son combat et soutenu jusqu'au bout la mission dont il se sentait investi. Il s'est senti abandonné de Dieu même, mais il a renoncé à lui demander d'intervenir en sa faveur, et lui a exprimé une confiance intacte en mourant. Se dépouillant du particularisme du moi, il a « achevé » sa vie en « l'accomplissant » dans la plénitude d'un « pour nous » universel. Ainsi sa mort s'est retournée en source de vie, comme l'ordre cosmique avait jailli du chaos originel : « Heureuse faute... »

Le chrétien voit le déclin présent de l'Église, qui se vide de ses fidèles et dont la foi déserte le monde, comme il lit la mort de Jésus : comme l'espérance et la promesse que les semences évangéliques, sortant de son enclos, vont se répandre dans le monde pour son salut. Seule, la foi nourrit cette espérance. Mais le fait que la foi ne meurt pas, malgré notre pauvre foi, qu'elle renaît sans cesse de nos doutes toujours renaissants, voilà qui soutient l'espérance du chrétien et lui donne l'assurance de sa victoire finale sur le mal et la souffrance.

À quoi servent les dogmes, sinon à obscurcir ce que révèle la foi telle que, par exemple, vous l'exprimez, à la fois extrêmement difficile mais extrêmement limpide ?

Je n'ai pas mûri ma réflexion là-dessus ; je devrai le faire. Il ne faut pas majorer l'importance des formulations dogmatiques : les chrétiens des trois premiers siècles s'en sont fort bien passés ; au IVe siècle, on s'est contenté d'introduire quelques mots plus explicites dans un symbole de foi (devenu celui de Nicée-Constantinople) ; la première définition proprement dite n'apparaît qu'au milieu du Ve siècle (à Chalcédoine), et elle a engendré des schismes dont les historiens se demandent aujourd'hui s'ils étaient vraiment hérétiques.

Mais, d'autre part, il est périlleux de faire le procès du passé, les dogmes ne sont pas apparus sans raison. Il ne faut peut-être pas se poser la question « *à quoi servent-ils ?* », sous-entendu à nous aujourd'hui, et se dire qu'ils ont servi à quelque chose, à un certain moment, qu'ils étaient bien compris comme il le fallait, mais qu'il faudrait maintenant les exprimer d'une autre façon, pour qu'ils ne soient pas compris de travers et nourrissent vraiment la foi. Par exemple, dire que Jésus est *consubstantiel* au Père a été utile pour soutenir qu'il communie pleinement à la divinité du Père, à une époque où le vocabulaire de l'être était utilisé pour le nier, mais cela n'a plus la même nécessité pour les esprits de notre temps qui se méfient du langage métaphysique, ni pour les croyants qui préfèrent s'en tenir au langage des Écritures. Peut-être que d'autres expressions, plus libres et plus nombreuses, seraient à chercher et à laisser à l'agrément des fidèles.

L'ennui, c'est que l'Église tient ses énoncés dogmatiques pour irréformables, comme s'ils étaient des vérités directement tombées de la bouche de Dieu ; elle manque du sens de l'historicité du langage humain et partant de sa relativité. Ce qui a été dit par et dans l'Église, cela doit toujours guider la foi du chrétien et notamment du théologien, mais non l'enfermer. Il y a d'autres choses à dire, non pas contre ce qui a été dit, ni pour le nier ni pour le rejeter, mais des choses plus importantes à dire aujourd'hui à ceux qui demandent « *qui est le Christ ?* ». Par exemple, des énoncés comme ceux qui disent que Jésus a été engendré *de toute éternité*, qu'il n'est pas né d'une semence humaine, sont fatalement compris comme s'ils voulaient dire qu'il n'était pas un homme semblable à nous, issu de notre race, pleinement solidaire de notre humanité et de notre histoire. Si on a parlé ainsi dans le passé pour soutenir qu'il est vrai Fils de Dieu sans que ce langage nuise à la compréhension de sa vraie humanité, parce que l'anthropologie était différente de la nôtre, il est urgent de nos jours de parler autrement pour soutenir la même foi au Christ.

En ce moment où l'on voit l'Église se méfier des recherches de l'exégèse historique, elle court le risque redoutable de paraître vouloir imposer son dogme à l'encontre même de la vérité de l'histoire, de ne pas accepter les mêmes critères de vérité que la science de notre temps, sinon même de se dérober à l'épreuve rationnelle de la vérité. Il peut être troublant pour le croyant que l'exégèse historique donne à Jésus un visage auquel ne l'avait pas habitué l'enseignement de la foi. Mais il apprendra à reconnaître sous ce portrait inattendu le mystère de Jésus que la foi lui dévoile sans rejeter le visage que lui dessine l'enquête historique. Les évangiles sont des récits croyants, ils interprètent ce qu'ils racontent. La restitution de la vérité du récit par l'historien n'invalide pas l'interprétation qu'en donne l'évangéliste, ni inversement, car l'un et l'autre relèvent de deux regards différents : l'évangéliste dit la vérité pour la foi de ce qui s'est passé mais ne pouvait pas être vu ni compris effectivement et qu'il raconte autrement pour rendre sa vérité transparente.

La difficulté de l'Église à changer de langage tient à sa conscience d'être *infaillible*. Mais qu'est-ce que cela veut dire ? Que l'assistance de l'Esprit Saint la préserve d'entraîner ses fidèles dans une erreur qui mettrait en péril leur salut éternel. C'est bien ce qu'on doit croire. Cela ne l'empêche pas d'avoir commis des erreurs, qu'elle accepte même aujourd'hui de reconnaître à l'occasion, ainsi pour la condamnation de Galilée ou de Jean Huss. Elle a eu raison d'inspirer confiance en elle à ses fidèles en des temps où ils ne pouvaient pas ressourcer eux-mêmes leur foi directement dans les Écritures. Mais les temps ont changé, et les fidèles n'ignorent pas la caducité de tout langage humain. C'est pourquoi la foi n'a plus besoin d'un langage intangible. Il y a des expressions traditionnelles qu'il n'est pas nécessaire et qu'il ne serait pas bon de changer. Mais il n'est pas bon non plus de répéter des formules qui ne sont plus comprises. Ainsi, récemment on se moquait dans une émission de Prieur et Mordillat du « cannibalisme » que constitue l'Eucharistie si l'on prend à la lettre le mot de *transsubstantiation*. Une définition qui a pu s'imposer à un certain moment, comprise aujourd'hui différemment, trahit la vérité qu'elle voulait exprimer. Un tri serait donc à faire dans le vocabulaire dogmatique.

Mais, pour l'instant, il ne faut pas rêver... Il peut être question de revisiter Vatican II, mais pas plus haut...

Pour aller jusqu'au bout de cette pensée, peut-on dire que l'adhésion ou la non-adhésion aux dogmes tels qu'ils sont formulés aujourd'hui n'est plus un critère de l'être chrétien ?

Oui, d'accord ! Dans mes livres, je retiens les dogmes de l'Église, mais je les réinterprète. Je ne les crois pas – je ne les reçois pas – *tels qu'ils ont été formulés*, mais je m'efforce cependant de les *penser* tels qu'ils ont été *crus*. De la formulation qu'un concile leur a donnée, je retiens, en reparcourant la *tradition* antérieure, la foi qui l'a inspirée. C'est cette foi-là que j'essaie de traduire dans d'autres concepts, d'autres façons de raisonner et de s'exprimer, sans rejeter le langage du dogme.

D'ailleurs, l'Église ne peut pas ignorer qu'elle se viderait du plus grand nombre de ses fidèles si elle rejetait ceux qui ne souscrivent pas en bloc au catalogue de ses dogmes. Des enquêtes récentes ont révélé que des catholiques, se déclarant tels, mettaient en doute ou même niaient des points fondamentaux de la foi, comme la divinité du Christ, ou la résurrection des morts. L'incertitude est encore plus grande sur les pratiques religieuses qui caractérisent une vraie appartenance à l'Église : on exigeait jadis la messe chaque dimanche, puis on est descendu à une fois par mois, on en est maintenant à quelques fois dans l'année. Il y a donc bien du formalisme à se montrer si pointilleux sur la question des formules dogmatiques, sinon de l'hypocrisie à pourchasser des théologiens qui se démarquent des codes langagiers ignorés de la plupart des fidèles, à moins qu'ils ne soient devenus, par l'usure du temps, matière à dérision.

Aimez-vous votre prochain concrètement, cherchez-vous Dieu de tout votre désir, pardonnez-vous à ceux qui vous ont fait du mal ? Voilà les premiers critères de l'être-chrétien sur lesquels le chrétien doit se juger selon l'Évangile. Et si un voisin musulman ou agnostique se réfère aux mêmes critères, eh bien ! tant mieux, reconnaissons avec Jésus que le règne de Dieu s'est approché de lui.

Et donc, comme le disait Pierre de Locht en d'autres termes, le cœur de la vie chrétienne n'est pas sur l'autel, mais dans le monde ?

Cette formule vaut bien des formules dogmatiques ! Pour moi, je mettrai volontiers le cœur de ma vie chrétienne dans l'amour du Christ, mais je sais bien que je ne l'aime concrètement que dans les autres, et j'expérimente que mon amour du prochain se ressource dans ma foi en Jésus. Et si l'on entend par *autel* la table eucharistique, je n'oublie pas qu'elle me renvoie au monde pour rassembler autour d'elle, un jour, toute la famille humaine unifiée dans le Royaume de Dieu.

Quand vous dites que la foi au Christ permet un ressourcement, qu'entendez-vous très concrètement par là ? Quelle forme va prendre ce ressourcement ?

Je veux dire par là que de moi-même je ne suis pas un homme plus accompli qu'un autre qui n'aurait pas la foi, je n'ai pas plus de charité que lui, je ne suis pas plus dévoué au service du prochain ; si je m'écoutais, je m'occuperais tranquillement de mes petites affaires, sans m'inquiéter des autres, avec d'autant plus de bonne conscience que je me sais bien incapable de changer la face du monde par tous mes efforts. Mais j'entends en même temps en moi une voix qui fustige ma paresse et mon égoïsme, je sens une force qui me pousse dehors, au-devant des autres, une tendresse inconnue qui me donne le souci fraternel de ceux qui souffrent. Et j'ai beau céder à l'égoïsme au long des ans, la même voix sans cesse me réveille, la même force conduit mes pas vers l'autre, le même sentiment de fraternité me fait compatir à ses souffrances. Alors, je comprends que l'amour du prochain n'a pas sa source en moi, mais se renouvelle chaque jour dans ma foi au Christ quand je médite son Évangile.

La charité, en effet, n'est pas une force naturelle, si ce n'est que Dieu l'a insérée dans le cœur de l'homme en le créant à son image. Elle ne relève pas de l'ordre cosmique, elle ne se trouve pas dans le règne animal, elle est notre ressemblance à Dieu. Je ne prétends donc pas qu'elle est propre au chrétien, j'aime au contraire la considérer comme le principe du salut universel de tout homme qui répond à l'appel transcendant à se faire le prochain de l'autre, à accomplir son humanité au-delà de soi dans le don de soi à l'autre, afin que « tous soient un » comme le Père et Jésus. Chaque acte de vrai amour du prochain se ressource, même chez l'incroyant, dans « cet amour qui va à Dieu, qui vient de Dieu, et qui est Dieu même », ainsi que s'exprimait Augustin. Mais il est bien difficile de céder à cet amour pour qui ferme l'oreille à l'appel de la transcendance. C'est pourquoi je disais que je ressource cet amour dans la foi au Christ, chaque fois que je regarde le visage de celui qui s'est fait dans sa mort le prochain de tout homme et qui nous a donné la mesure sans mesure du don de soi.

Autrement dit, l'amour qui sauve n'est pas pur altruisme – s'abstenir de causer du tort au prochain –, ni simple humanisme – reconnaître la dignité de tout être humain ; il est cela et ne l'est pas, parce qu'il est toujours plus et beaucoup plus que cela, car il n'attend rien en retour, il est sans calcul et sans mesure, pure gratuité de la vie donnée comme elle est reçue. Un sentiment de gratitude envers la vie reçue d'ailleurs, d'admiration pour la beauté de l'humanité qui s'échange entre les hommes par le sacrifice de l'un pour l'autre, voilà ce qui réalimente sans fin en eux la capacité d'aimer, qui vient de la grâce de la Création. Le chrétien la trouve dans « *la foi qui agit par la charité* » (Lettre aux Galates 5, 6), celle qui ne se contente pas de crier « Seigneur, Seigneur », mais qui reconnaît le visage du Christ dans celui de son frère souffrant.

La dernière fois, vous disiez que vous auriez aimé que la foi soit un espace de liberté et que malheureusement ce n'est pas le cas. Alors dans quelle mesure, et à quelles conditions, la foi peut-elle devenir un espace de liberté ?

La foi n'est pas un espace de liberté, en tant qu'elle est inscrite historiquement dans des énoncés impératifs, placée institutionnellement sous la coupe d'un magistère, et qu'elle se réduit pour beaucoup à des injonctions cultuelles – aller à la messe, à confesse. Mais on parle alors de croyances, de pratiques et de religion, au sens que j'ai expliqué dans l'entretien précédent, plus que de la foi au sens propre du mot. Car il n'y a rien de plus libre que la foi, prise en elle-même : elle est la réponse à l'appel de Jésus à le suivre, la confiance mise en Dieu comme en son Père, l'inventivité de la charité, l'espérance du Royaume.

Si l'on revient à la foi dogmatique, institutionnelle, religieuse, je répète qu'elle ne laisse guère d'espace de liberté au chrétien, mais il appartient à chacun de l'agrandir. Non en se confectionnant un petit *credo* à sa convenance, car j'ai déjà dit que l'expression de la foi est liée à une tradition. Mais par « le renouvellement de votre pensée », ainsi que Paul y encourage : en s'instruisant des choses de la foi, par le débat et un discernement commun, en osant prendre la parole en Église, en favorisant la formation d'une « opinion publique ». Il faut apprendre à transformer : à changer, à comprendre et à vivre autrement la relation de la tradition au dogme, de la foi à l'Écriture, du peuple de Dieu à l'autorité, de la « religion en esprit et en vérité » au culte.

Il faut surtout se transformer : ne pas oublier que la foi sera d'autant plus vivante qu'elle ne se dira pas seulement dans l'enclos du christianisme, mais au plein vent du monde, et d'autant plus libre qu'elle sera plus forte, mieux exercée.

TROISIÈME JOURNÉE

D'UNE ÉGLISE À L'AUTRE

D'une Église à l'autre

Fragmentation du catholicisme
Une orthodoxie lourde de questions
Du Pape
Vatican II : avancées et recul
Le rôle de Pierre
Pour un bon usage de la Tradition et de la Bible
D'une Église de clercs à celle du Peuple de Dieu

Le paysage spirituel contemporain est marqué par la fragmentation. On la constate à travers l'émergence, depuis plusieurs années maintenant, de tout un ensemble de nouveaux mouvements religieux ; mais la fragmentation traverse aussi les religions instituées, dont le catholicisme notamment, entre intégristes, non conformistes européens, chrétiens d'Afrique ou d'Asie... Que vous inspire ce constat ?

Je dirais d'abord qu'il faut relativiser ce jugement au regard de l'histoire de l'Église : elle n'a pas cessé de se fragmenter au cours des temps du même mouvement qui la faisait se répandre en divers lieux, peuples et cultures. Pour différentes raisons où des questions de pouvoir se trouvaient liées à des questions de rites, ou de doctrines, ou simplement et peut-être plus profondément à des différences de mœurs et de civilisations ; sans parler des conceptions nouvelles qui surgissent dans la conscience humaine et qui suscitent des interrogations dans le champ religieux – ainsi quand des découvertes astronomiques amèneront à douter que le soleil tourne autour de la terre, mettront la

Bible en apparente contradiction avec la science, et détrôneront l'homme de la place qu'il croyait occuper au centre de l'univers.

Dès ses origines, l'Église s'est fragmentée : elle a construit son unité en se séparant de multiples sectes dénoncées comme hérétiques ou schismatiques, et cela bien avant la plus grave et plus décisive rupture entre l'Église d'Occident et celle d'Orient, rupture dont l'aspect culturel est frappant puisqu'elle mettait en avant une querelle linguistique entre le latin et le grec : comment s'entendre entre chrétiens qui avaient cessé de parler la même langue ?

Une autre fracture moins bruyante mais aux retentissements plus insidieux et plus durables, en ce qui concerne la foi, est apparue aux origines les plus lointaines de ce qui devait s'appeler « la modernité », quand la culture occidentale a commencé à se détacher de la tradition qui l'avait portée jusque-là : tandis que la foi continuait à se nourrir exclusivement de ses Écritures et des doctrines des « Pères de l'Église », qui faisaient autorité à raison même de leur ancienneté, une pensée nouvelle voyait le jour, basée sur l'observation, le doute méthodique, les hypothèses de recherche : l'Église s'arc-boutait sur son passé à mesure que la rationalité occidentale s'en détournait et allait de l'avant pour se doter de connaissances nouvelles.

Un premier effet de ce changement sur la structure de l'Église fut le mouvement de la Réforme qui divisa le christianisme en Églises protestantes et en Église catholique romaine, et mit en opposition l'Écriture, prise comme source unique de la révélation, et la Tradition, reléguée au rang d'interprétation contingente – séparation dont l'aspect culturel est flagrant puisqu'il a découpé l'Occident en monde latin et en monde germanique.

De nos jours l'Église se fragmente en plus petits groupes, pour des motifs internes mais qui reflètent l'individualisme ambiant : traditionalistes, catholiques fidèles à Vatican II, ceux qui ont une pratique régulière et ceux qui fréquentent occasionnellement les assemblées cultuelles, chrétiens « critiques » et chrétiens plus émancipés qui vivent dans les marges... Et il faut ajouter que ce mouvement de désagrégation s'observe pareillement en d'autres Églises chrétiennes, par exemple chez les protestants américains entre fondamentalistes et charismatiques.

Vous me demandez donc quelles réflexions m'inspire ce mouvement général de fragmentation ?

Première réflexion : il se produit un retrait généralisé de la religion. La religion a perdu son rôle directeur et unificateur de la société. Du même coup, le lien intérieur à chaque formation religieuse se relâche, et les Églises se fragmentent en multiples groupes. La religion se trouve à l'origine de tous les groupes humains, elle a pour fonction de créer du lien, du liant, entre les membres du groupe. Quand celui-ci se constitue en État qui prend en charge la plupart des besoins des citoyens, la religion – l'église – perd de son utilité sociale, ce qui entraîne deux conséquences : d'une part, beaucoup de ses fidèles la quittent parce qu'ils n'ont plus d'intérêt à la fréquenter, d'autre part, ceux qui restent tendent à se diviser en plusieurs groupes parce qu'elle a perdu de son autorité et de sa puissance pour les garder unis.

La seconde réflexion que m'inspire cette situation, pour ce qui concerne l'Église catholique, c'est que l'on est à un moment de passage. On va vers autre chose, vers une autre manière de faire Église, ce qui n'est pas tragique en soi. Tout changement, il est vrai, a un aspect inquiétant parce qu'il produit des ruptures, des déchirements, des fractures ; et ces mots-là, qui sont pris au vocabulaire corporel, sont à eux seuls évocateurs de souffrances et de dangers. Mais cette évolution sera l'avènement d'une ère nouvelle, que je ne peux pas encore imaginer pour l'Église ni pour la foi chrétienne, mais qui ne sera pas nécessairement catastrophique. Je n'envisage aucunement une reprise de pouvoir, de son pouvoir perdu par l'Église sur la société, mais une autre manière de se situer dans le monde et de garder son unité.

Elle aura peut-être moins de visibilité, en ce sens que sa visibilité actuelle est largement liée à sa structure hiérarchique et cléricale ; or sa hiérarchie a perdu beaucoup de sa crédibilité interne et externe à cause de ses excès de pouvoir sur ses fidèles et à l'égard de la société, et le clergé, en perte de recrutement, ne pourra bientôt plus tenir à lui seul tous les postes d'autorité et de responsabilité qui lui étaient dévolus. La plus grande visibilité de l'Église va donc passer dans le camp des laïcs, parce qu'il y aura de moins en moins de clercs et qu'il faudra bien confier aux laïcs de plus en plus de postes de responsabilité. L'Église aura moins de visibilité, à cause de la forte diminution du nombre de ses fidèles, et une visibilité différente, moins voyante si j'ose dire, du fait que sa dominante laïque ne la différenciera plus aussi fortement du reste de la société, lui donnera un visage moins spécifiquement religieux, moins cultuel et rituel.

Sur le plan de l'action et de la pensée, la visibilité la plus grande sera donnée non plus au catholicisme en tant que religion, c'est-à-dire à un groupe constitué majoritairement en vue de la célébration d'un culte et de cérémonies ritualisées, mais en tant qu'Évangile, c'est-à-dire à un groupe de personnes qui visent avant tout à l'intelligence et à la pratique de l'Évangile pris comme idéal de vie humaine et règle des comportements entre individus et en société.

Envisager une telle évolution me remplit d'espoir, je l'avoue, même s'il y aura sans doute moins de gens à se dire catholiques. Mais la pensée de tant de gens en voie de quitter l'Église ne laisse pas de me troubler. Non que je craigne que leur abandon de l'Église ne les voue à l'enfer – car je ne crois pas que Dieu poursuive de sa colère ceux qui l'ont oublié –, mais parce que la perte de toute vie spirituelle les mettrait en danger de sombrer à jamais dans la mort, s'il est vrai, pour les croyants, qu'il n'y a de vie éternelle que dans l'union à Dieu. C'est un grave sujet de réflexion pour un théologien : ceux qui ont abandonné, voire rejeté toute foi chrétienne peuvent-ils encore bénéficier du salut que l'Église offre à ses fidèles ? Plus grave encore est cette question : est-elle dispensée de toute responsabilité envers ceux qui l'ont quittée, parfois par sa faute à elle ? Mais que peut-elle faire pour ceux qui n'attendent plus rien d'elle ? Par quelles voies pourra-t-elle renouer des liens avec eux ? C'est une question que j'essaie de résoudre, en cherchant une autre définition de la religion et du salut ou plutôt de l'articulation de la religion et du salut, ou peut-être plus largement une autre compréhension de la mission de l'Église davantage ordonnée à l'humanité de l'homme.

Quand on jette un œil sur le monde catholique, on voit bien cette diversité de positions, de sensibilités religieuses, mais le fossé semble tellement grand et tellement infranchissable, par exemple entre chrétiens dits progressistes et attachés à Vatican II et intégristes qui viennent d'être réintégrés par Benoît XVI, qu'on a un peu de mal à définir encore ce que signifie « être catholique ». Pourriez-vous nous éclairer là dessus ?

Pour moi le mot « catholique » recouvre le versant universel du monde « chrétien ». Par « monde chrétien », je me situe par rapport à Jésus ; je reconnais que Jésus est Christ, c'est-à-dire envoyé de Dieu et Fils de Dieu. Mais par le mot « catholique », j'essaie de donner à ma foi au Christ une portée universelle. Il est vraisemblable que dans l'esprit de beaucoup de gens et de fidèles le mot évoque par priorité le magistère de l'Église romaine. Je préfère le prendre d'abord en son sens étymologique, qui signifie « universel », « répandu en tout lieu », et qui désigne la visée universelle de la mission dont Jésus a chargé son Église : elle doit s'adresser aux hommes et aux femmes de tous pays et de toutes cultures et conditions sociales, et elle doit s'intéresser à l'homme tout entier, à tout ce qui est humain.

Ce point capital mis en place, à la première place qui lui revient, on peut s'arrêter au sens plus étroit, plus spécifique pour beaucoup, du mot « catholique » qui l'associe au mot « romain ». Le dogme associe, voire même identifie ces deux mots pour affirmer que l'Église qui porte ces deux noms se rattache au Christ par une succession – appelée « apostolique » – d'évêques descendants des apôtres de Jésus, à la tête desquels se trouve l'évêque de Rome – successeur de Pierre, le chef du collège apostolique – en qualité de garant de l'unité de l'Église répandue en tout lieu et de sa continuité ininterrompue dans le temps depuis Jésus. Se dire catholique en ce sens très précis a donc pour intérêt de se situer, verticalement, dans une lignée historique de fidélité à Jésus Christ, dans la suite d'un événement historique où Dieu est apparu dans un homme par qui il s'est lié à l'histoire humaine ; et de se situer, horizontalement, en lien avec toutes les Églises, tous les peuples, tous les croyants qui se réclament de la même ascendance historique selon la foi.

En ce sens-là, je reconnais la nécessité de la hiérarchie ecclésiastique que l'on appelle succession apostolique ou épiscopale, chargée de maintenir la continuité de la tradition de la foi des apôtres à travers le temps et l'unité de la foi, avec la fraternité qui en découle, entre tous les chrétiens dispersés dans le monde. Cela ne légitime pas tous les excès d'autorité commis au nom de la succession épiscopale ni l'uniformité imposée en tous lieux de chrétienté au nom de la tradition apostolique. Cela légitime simplement le principe de l'autorité « romaine » et le primat de la tradition « catholique ».

Hier et plus encore peut-être aujourd'hui, beaucoup de personnes qui se disent catholiques seraient bien incapables de donner une signification précise à des points essentiels de la doctrine chrétienne – l'incarnation par exemple. Pour être radical, sont-elles encore chrétiennes ? Leur christianisme n'est-il pas plutôt une sorte de marqueur identitaire ? Question plus radicale encore, y a-t-il des chrétiens connaissant tous les points de la doctrine chrétienne et y croyant ? Vous-même, est-ce que vous acceptez sans réserve tous les points de la doctrine chrétienne tels que formulés aujourd'hui par le Magistère ?

Tels que formulés, certainement pas ! Je les pense différemment, je ne jette pas l'anathème contre les anciennes formulations, mais je dis : « Voilà comment on peut les penser aujourd'hui, en restant croyant ». Qu'est-ce qu'il en est dans l'ensemble du corps chrétien ? Il est certain qu'il y a un éventail énorme d'opinions, et que des dogmes fondamentaux sont rejetés par un certain nombre de chrétiens. Par exemple, il y en a qui disent qu'ils croient au Christ, mais ne croient pas à la résurrection des corps – qui est intimement liée à l'événement du Christ. Cela montre le grand désarroi des esprits. Cela montre aussi qu'on a trop insisté sur le dogme, et pas assez sur l'Évangile : la foi ne va pas se nourrir du dogme. Le dogme est fait pour maintenir une certaine ligne de pensée, un discours commun dirais-je, ce que signifie le mot *orthodoxie* : qu'on dise la même chose, qu'on tienne le même langage pour éviter des divisions trop frontales. Mais la foi ne pourra revivre que si on la replonge dans l'Évangile. Pour moi donc c'est cela la chose importante à l'heure actuelle : rendre la parole aux chrétiens, les laisser poser leurs questions, même foisonnantes, même dérangeantes, sur la Révélation mais avant tout sur l'Évangile, et leur permettre de reprendre foi à partir de l'Évangile. En ce sens-là, il faudra bien s'accommoder aussi de l'exégèse historique, critique, qui se fait à l'heure actuelle. Ce n'est sans doute pas elle qui ramènera à la foi ceux qui s'en écartent, mais en tout cas on ne peut pas la rejeter sans admettre tacitement qu'il y a certaines vérités qu'on ne veut pas voir ! On ne peut pas bannir la vérité historique.

Pour préciser ce point, à quoi faut-il croire pour être catholique au sens de *chrétien tourné vers l'universel* ; à quoi faut-il croire aux yeux du Magistère ?

Quand j'entends cette question et d'autres du même genre, j'ai envie de crier à une rupture de contrat de vous à moi. Car vous êtes en train de me demander une définition totale de la foi, de préférence mise en formules. Il était convenu au départ que vous vous en abstiendriez, car pour moi la foi ne tient pas aux formules. Sinon je pourrais vous répondre que j'ai traité de toutes ces questions dans mes livres en quelque 2 000 pages, et vous y renvoyer. Il se trouve cependant que je m'interroge encore au sujet de ces mêmes questions auxquelles je pensais avoir amplement répondu. La foi se laisse toujours questionner, le plus souvent parce qu'elle nous questionne nous-mêmes sur notre sens de la vie, de la vérité, de l'histoire. Dire que je cherche à y apporter une réponse, cela veut dire simplement peut-être que je me reconnais questionné par la foi et impuissant à en rendre raison, impuissant à répondre à toutes les difficultés que la raison de la modernité, dont je suis partie prenante, porte au-dedans de moi à la foi que je voudrais défendre, impuissant à répondre du mystère de Dieu et de sa manifestation en Jésus Christ. Alors, il paraît vain de prétendre mettre en formules des réponses à des questions sans cesse renaissantes. C'est pourquoi, un livre à peine achevé, j'ai envie d'en mettre un autre en chantier – et j'en ai effectivement un en route – pour vérifier à nouveaux frais les réponses et les explications que j'avais cru y apporter et qui me posent de nouveaux problèmes.

Cela dit pour excuser mon mouvement d'humeur, je vais quand même essayer de répondre à votre question, non par une série de définitions de la foi, mais plutôt par une sorte de vue synthétique.

Nous avons une règle de foi ; elle est connue : c'est ce que nous appelons le Symbole des Apôtres. En principe tous les chrétiens l'admettent. Alors vous pourriez me dire : mais tous l'interprètent d'une manière différente – pas absolument tous bien sûr ! Comment comprendre que Jésus est appelé fils de Dieu ? Que sa mère est dite vierge ? Qu'il est mort, puis ressuscité, etc. Dès qu'on se pose les questions du comment et du pourquoi, dès qu'il s'agit de comprendre, on entre dans le domaine de l'intelligence de la foi, c'est-à-dire qu'on se met à interroger cette règle de foi, qu'on cherche à la penser, à la rendre pensable et intelligible à notre raison, qui est la même en nous qu'en tous les autres hommes et femmes, incroyants y compris, une raison questionnante, soupçonneuse, toujours en recherche.

Mais cette règle de foi, encore appelée Symbole de foi ou des apôtres à cause de sa grande antiquité, n'est pas une somme théologique, c'est une base commune. Elle commence par le mot « je crois », qui n'énonce pas une opinion, mais un acte de confiance en même temps qu'un engagement : « Je crois en Dieu ». Cela veut dire : je lui fais confiance pour me conduire à « la vie éternelle », qui est le dernier mot du Credo, et je m'engage à suivre ses enseignements et ses préceptes pour atteindre ce but.

Ensuite, nous disons à quel dieu nous faisons confiance et acte d'allégeance : c'est un Dieu qui est venu vers nous, qui a voulu faire histoire avec nous, qui s'est pour cela rendu présent dans un homme que nous appelons son fils, parce que Dieu l'a choisi pour être son représentant parmi nous, se lier à nous et demeurer avec nous en lui. Ce fils, Jésus, est de notre race, né d'une femme, Marie, qui a accepté de le mettre au monde pour nous le donner comme frère, et nous la vénérons pour ce motif. Cet homme est bien situé dans notre histoire : nous savons où et quand il est né, où il a vécu et le genre de vie qu'il a menée, quand, comment et pourquoi il a été rejeté par son peuple, pour nous libérer du joug de la législation religieuse des temps anciens, puis mis à mort par ordre d'un gouverneur romain, soucieux de défendre l'ordre public et impérial contre la liberté des consciences individuelles, enfin ressuscité, c'est-à-dire revenu à la vie, non en ce monde, mais en Dieu pour nous ouvrir un accès vers lui.

Nous exprimons enfin notre volonté de rester unis à Jésus dans l'Église fondée sur lui, unis à lui et avec tous nos frères chrétiens par la participation au même Esprit Saint qui unit Jésus à Dieu son Père, et nous déclarons que nous faisons confiance à l'Église pour obtenir de Dieu le pardon des fautes que nous commettons et nous conduire tous ensemble au terme bienheureux de l'existence.

Voilà ce qui fait que l'on est catholique. En bref, c'est le souci d'une commune référence historique à Dieu en Jésus de Nazareth d'un côté ; de l'autre, le souci d'une unité de confession de foi actualisée par la volonté de coexister en Église. Le vouloir être d'accord est toujours remis en question parce que notre intelligence, elle, ne cesse d'évoluer dans son appréhension du monde, ce qui nous entraîne à sans cesse requestionner et réinterpréter ce que Jésus nous dit du monde et de notre lien à ce monde.

Vous insistez beaucoup sur le lien de la foi chrétienne à l'histoire et au monde. Mais alors pourquoi la prière du « Notre Père » situe-t-elle Dieu en haut, loin au-dessus de nous, quand elle nous fait dire « Notre Père qui es aux cieux » ? Les dieux païens des temps anciens vivaient dans le monde, eux, au milieu des hommes et se mêlaient à leurs affaires. Le Dieu chrétien n'est-il pas bien abstrait et bien lointain ?

Ma première réponse sera de concéder que le monothéisme est né de la séparation du monde spirituel d'en-haut et du monde matériel d'en bas ; ma seconde réponse s'efforcera de montrer que la foi chrétienne, en vertu du lien d'inhérence de Dieu à Jésus, a néanmoins reporté Dieu dans l'invisible de notre histoire.

Comment le monothéisme est-il sorti du polythéisme, qui fut la forme primitive de la religion ? On a expulsé tous les dieux. Tous sauf un, le plus puissant, dont on a dit : il n'est pas mêlé aux éléments de la terre. On l'a mis aux cieux pour dire : il est au-dessus de nous, au-delà de nous, il est impénétrable, il est inaccessible s'il ne vient pas de lui-même à nous. Qui est ce « on » ? Il s'est exprimé en des temps et des lieux différents : d'un côté, grâce à l'effort de la philosophie grecque, qui fut la première à penser l'unité et la spiritualité de l'être divin ; d'un autre côté, par la voix des prophètes d'Israël, qui ont été les révélateurs et les artisans de l'Alliance de Dieu avec le petit peuple d'Israël, par laquelle Dieu préparait sa réconciliation avec tous les peuples de l'univers, qu'il a accomplie en Jésus.

Voilà comment le christianisme n'a pas laissé Dieu aux cieux, loin de nous, mais l'a rendu présent à notre histoire, toujours invisible mais actif et proche de nous. C'est ce que Saint Paul a énoncé en disant que Dieu était dans le Christ, sur la croix, *se réconciliant le monde, lui déclarant la paix et rassemblant tous les peuples en un seul peuple.* Non que Dieu fût fâché avec le monde, mais en ce sens que les hommes, qu'il avait créés à son image, se rabaissaient eux-mêmes et se divisaient entre eux en se réclamant d'une multitude de dieux qu'ils se représentaient à leur propre image. Alors Dieu leur a fait savoir qu'il ne leur tenait pas rigueur de leurs aberrations, dès lors qu'ils cherchaient à le connaître tel qu'il se révélait en Jésus.

Cette réconciliation de Dieu avec le monde, par un acte unilatéral de sa volonté, est un acte perpétuel de l'éternité de Dieu, un acte qui ne cesse de recréer et de sauver le monde de la mort : Dieu s'est lié à l'histoire humaine pour l'acheminer vers lui, en lui dont l'existence est l'acte de donner la vie, l'amour, la liberté, le bonheur, l'unité à toute sa création.

Telle est la vérité du monothéisme que le dogme trinitaire exprime à sa façon, en présentant Dieu le Père comme le principe et le terme d'une histoire réconciliée avec lui par le Fils et rassemblée en lui de toutes parts par l'Esprit Saint. Mais cette intelligence de la foi est toujours à faire et à venir.

Pardonnez-moi une certaine brutalité, mais plus concrètement, à quoi faut-il croire pour être catholique, aux yeux du Magistère et à vos yeux ?

Vous supposez déjà que mes yeux ne sont pas ceux du pape ! Et c'est évident, puisque la pensée de la foi est toujours en recherche et en voie de se construire. D'abord, ne demandez pas « à quoi ? », mais « à qui ? » il faut croire : on ne croit pas à des vérités abstraites tombées du ciel, on croit en Dieu qui s'est manifesté et continue à se manifester de telle et telle façon.

Je crois en Dieu qui s'est mis en relation avec les hommes, avec l'histoire humaine, avec l'histoire des hommes en Jésus-Christ. Où est-ce que je trouve cela ? Dans les évangiles. Donc je répondrais : *croyez d'abord à l'Évangile,* qui est la parole que Dieu nous adresse par Jésus et qui nous met en relation vivante avec lui par l'Esprit Saint que la vérité de Dieu répand en nous. Jésus lui-même nous a demandé de « croire à l'Évangile », ou encore de « croire au royaume ou au règne de Dieu ». Qu'est-ce que c'est ? Je ne sais pas bien, si ce n'est que ce royaume est le mystère du Dieu qui s'approche de nous et qui vit avec nous et en nous, car, a dit Jésus, *« le royaume de Dieu est au milieu de vous ».* Ce mystère, ce royaume de Dieu n'est donc pas relégué dans le monde des idées, il est là, il se fait là où nous vivons. En quelque sorte, c'est ce que nous avons gardé, nous chrétiens, d'un côté, du paganisme : un lien de Dieu à ce monde-ci, au monde des phénomènes et des représentations ; et, d'un autre côté, du judaïsme : un lien d'alliance de Dieu à l'histoire que nous faisons et subissons.

Le mystère de Dieu et de nous avec lui est donc loin de se limiter au domaine du religieux. Croire en Dieu n'est pas comme croire au pape, croire à ce qu'il dit, croire ceci ou cela. C'est s'engager à la suite de Jésus à vivre dans ce monde en conformité avec l'Évangile et à faire l'histoire en union avec tous mes frères humains.

Il y aurait sûrement des choses plus précises à dire, mais je ne peux pas entrer pour le moment dans toutes les précisions. L'important de la foi est de croire à la parole de Dieu, parce que Dieu l'a dit, non parce que le pape l'a dit.

Le pape dit : ceci est révélé ; je veux bien le croire, mais j'aurai peut-être des motifs plus tard de me demander si c'est vraiment révélé ; et c'est là où joue l'intelligence critique et où je devrai faire appel à l'exégèse historique des Écritures, qui est aussi un critère de vérité dont le théologien n'a pas le droit de se passer.

Aux yeux de la plupart des gens, le catholique est quelqu'un qui croit au pape, il croit à tout ce que dit le pape, parce que le pape dit : « voici ce que croit l'Église, ce qu'elle a toujours cru, ce que tous les chrétiens doivent croire semblablement en quelque lieu où ils vivent ». C'est simple et net !

Certes, le théologien doit avoir le souci de maintenir l'unité de la foi entre tous les chrétiens et, pour cela, ne pas se confiner dans des recherches savantes auxquelles le commun des croyants se sentirait étranger. C'est pourquoi je n'ai jamais fait un livre du type « ce à quoi je crois ». En principe, j'essaie de croire et de dire ce que croit et dit l'Église, c'est-à-dire *ce qui définit l'être chrétien,* et non de divulguer ma propre définition et compréhension de la foi. Mais cela ne m'empêche pas de dire la foi de l'Église telle que je la pense, telle que j'en éprouve la vérité, qui n'est pas toujours la manière dont elle est enseignée officiellement.

C'est pourquoi je ne peux pas enfermer sur tous les points mon intelligence de la foi dans les formules du Magistère. À telle époque le Magistère a mis la foi à l'abri pour des raisons valables dans une formule précise, qui représentait une certaine intelligence de la foi appropriée aux questions qui se posaient et aux erreurs qu'il fallait repousser en ce temps-là, compte tenu de la culture du temps et de ses critères d'intelligibilité et de vérité. Mais l'intelligence a bougé depuis ce temps-là, l'intelligence tout court, je veux dire la manière pour l'homme de se situer par rapport au monde, dans l'histoire et dans l'univers – et fatalement l'intelligence de la foi a bougé également. Ainsi quand on a su – quand il est devenu scientifiquement certain – que ce n'est pas le Soleil qui tourne autour de la Terre, mais l'inverse, la foi en Dieu en a subi un choc très fort, il semblait que la relation de l'homme et du monde à Dieu se trouvait relativisée. Et c'était vrai, jusqu'à un certain point. Il a fallu entrer cette nouvelle donnée de la science, assez vite devenue opinion courante, dans l'intelligence de la foi. Les chrétiens ne peuvent pas avoir une connaissance du Cosmos différente de celle vers laquelle converge la science d'aujourd'hui. Je ne dis pas celle à laquelle s'arrête la science, parce qu'elle ne prétend pas s'arrêter, justement. Encore faut-il suivre, accepter de suivre le mouvement et ne pas s'inscrire en faux. Je dirais la même chose sur les questions dont on débat beaucoup en ce moment, les questions du darwinisme, par exemple.

L'obéissance en matière de foi est par priorité obéissance à l'Évangile et à Dieu. L'obéissance au pape ne vient qu'en second, en tant qu'il énonce la vérité de l'Évangile ou de l'Écriture, qu'il rappelle et reformule ce qu'ont cru les chrétiens de tous les temps. Le pape est le gardien de la tradition. Mais la tradition de la foi évolue elle aussi en même temps que la culture. Telle vérité de la foi qui a été énoncée en tels et tels termes à tel moment de l'histoire où cette formulation était comprise correctement, sans heurter la science ni la rationalité de ce temps-là, n'est plus comprise dans le même sens ou n'est plus intelligible du tout à une époque postérieure de la culture. Je ne veux pas dire que les définitions de la foi devraient changer, car elles restent des repères historiques utiles et il est toujours possible de les expliquer en accord avec la science ou la culture d'aujourd'hui. Encore l'autorité romaine devrait-elle laisser aux théologiens et aux exégètes la liberté de les fonder et de les interpréter autrement qu'aux siècles passés. Sans être iconoclaste, sans chercher à retranscrire les définitions de la foi dans des langages nouveaux, qu'il faudrait changer en peu de temps, tellement la science et la culture évoluent vite, sans laisser chacun dénoncer les formules qui lui déplaisent et en inventer de nouvelles, que d'autres autour de lui rejetteraient aussi vite et aussi énergiquement, il ne devrait pas être impossible de garder le langage traditionnel tout en laissant s'exprimer une autre intelligence de ces vérités dans un langage différent.

Le pape est gardien de la tradition, chargé de la *maintenance* de la vérité et de l'unité de la foi, mais cela ne veut pas dire chargé de la maintenir perpétuellement uniforme et inchangée dans son langage, car il doit veiller à ce qu'elle soit toujours comprise par des esprits nouveaux telle qu'elle a été crue de tout temps. D'ailleurs, l'Église se rend compte de la difficulté, puisqu'elle réunit des conciles quand surgissent des questions nouvelles sur des articles de foi dont avaient pourtant traité des conciles antérieurs. Il n'empêche qu'en portant des définitions nouvelles elle demandera aux chrétiens d'adhérer à ce qu'elle a cru et enseigné de tout temps, mais d'une tout autre façon. Il faudra alors distinguer ce qui a été *cru* et ce qui a été *dit*, retrouver ce qu'on voulait croire quand on a disait telle ou telle chose, quelle vérité ou cherchait à opposer à quelle erreur : c'est une telle recherche d'intelligence de la foi qui est en jeu à travers l'évolution et la critique des langages qui cherchaient et cherchent à nouveau à l'exprimer.

Le pape est donc utile pour empêcher la multiplication des formules de foi qui aboutirait à un émiettement tel que les chrétiens ne se comprendraient plus – outre le danger évident de ne plus tenir la même foi. Il intervient comme régulateur, pas comme révélateur.

Mais que ce soit du côté de l'Institution religieuse – qui promeut depuis longtemps une forme de religiosité populaire (piété mariale, etc.) –, de tous ces mouvements plus ou moins contrôlables et souvent incontrôlables – qui, là encore, ont tendance à donner un primat au religieux, à l'effusif, à l'irrationnel sur le rationnel – ou du côté du monde politique – qui, lui aussi, a tendance à envisager les citoyens non pas comme une partie du souverain, mais comme des clients ou des administrés auxquels on ne propose que des choix de bien-être et pas de choix véritablement politiques –, n'y a-t-il pas une manière de retenir les gens dans l'enfance – enfance de la raison, de la foi, de la démocratie ?

C'est vrai. La question s'est posée sous le nom de *religion populaire*. Il était un moment où des théologiens – dont j'étais – combattaient la religion populaire parce que, à nos yeux, on entretenait la superstition et on négligeait les véritables enjeux de la foi aujourd'hui. Alors, les évêques répondaient : « Vous n'avez pas le souci des petites gens, des pauvres. Ça les console ! Ce n'est pas avec une religion intellectualiste que vous allez les consoler, les encourager, les soutenir ! » Soit ! L'Église a quand même senti que tout ce qui était religieux les maintenait un peu dans l'institution chrétienne et dans la foi, et n'a pas voulu s'y opposer pour ce motif. Qu'en est-il maintenant ? Les charismatiques forment le gros des effectifs des célébrations religieuses en plusieurs endroits. Ils donnent de la visibilité à l'Église, qui succombe volontiers à la séduction du nombre, de la publicité. Et les traditionalistes s'y mettent, eux aussi. Ni les uns ni les autres ne craignent de se montrer en public, parfois même en s'affichant de manière un peu voyante, en faisant des chemins de croix, des processions autour des églises ou dans la rue, en allant nombreux en pèlerinage. Cela donne à croire que l'Église est encore bien vivante. Mais cela ne fait guère que masquer le vide d'effectifs, qui s'accroît.

Le plus gros danger reste le traditionalisme, qui se sent soutenu par le Vatican, parce que les traditionalistes représentent une dénonciation de la pensée sécularisée qui a *envahi* l'Église, ce qui est bien l'idée du Pape et de beaucoup d'évêques. J'étais récemment dans un diocèse de l'Ouest pour une célébration de mariage, et le curé me disait qu'il sentait monter des courants traditionalistes et fondamentalistes et que bientôt il n'y aurait plus qu'eux dans les églises, eux et des groupes charismatiques. Car tous les chrétiens qui avaient développé leur pensée religieuse et leur foi dans la ligne de Vatican II sont partis... dans la nature.

À ce propos, pourriez-vous définir, en quelques mots pour le profane, ce qu'a été Vatican II ? En quoi Vatican II a-t-il constitué une rupture par rapport à ce qui l'a précédé ?

Vous savez, dans tous les conciles, il y a une majorité et une minorité : une majorité qui se rattache à ce qui se disait ou se faisait auparavant, et une minorité qui veut aller de l'avant. Ou bien c'est l'inverse ! A Vatican II, il y a eu une majorité qui a voulu réconcilier l'Église avec la société de son temps. Mais la minorité était assez nombreuse quand même pour faire entendre sa voix. On a voulu faire l'unanimité, donc on a abouti à des textes de compromis, qu'on peut interpréter soit dans la ligne de la continuité – et on revient à Vatican I et à Trente –, soit dans la ligne de la nouveauté introduite par Vatican II – tendance que combattent trop souvent de nos jours le Vatican et une partie de la haute hiérarchie de l'Église en plusieurs pays.

Alors, quels sont ces éléments de nouveauté ? Je les énoncerai comme ils me viennent à l'esprit, sans me soucier de les ranger en ordre de priorité.

C'est la volonté de l'Église de se réconcilier avec les autres confessions chrétiennes, de reconnaître qu'elles ont gardé l'essentiel des enseignements du Christ et une bonne partie de la tradition chrétienne, de les traiter en Églises-sœurs (quoique l'expression soit employée avec parcimonie) ; c'est donc un encouragement donné au mouvement « œcuménique », déjà ancien, qui tendait à relativiser un peu les formules dogmatiques, pour faciliter l'union des chrétiens dans une foi moins pointilleuse, ou moins sclérosée, moins mise en formules.

C'est aussi la volonté de se réconcilier avec les religions non chrétiennes, de les traiter avec respect en reconnaissant la valeur de leurs apports spirituels et leur contribution à la paix entre les peuples ; de saluer plus particulièrement la parenté d'origine entre le christianisme et le judaïsme et de se réconcilier avec le peuple juif, qui a – hélas ! – de douloureux et récents motifs de se plaindre de l'hostilité de l'Église. Et une mention spéciale au troisième monothéisme musulman, de plus en plus mêlé au monde actuellement ou anciennement chrétien.

C'est encore la volonté d'instaurer une nouvelle forme de gouvernement de l'Église, caractérisée par l'idée de la collégialité, qui voulait donner aux Églises locales un peu d'autonomie, qui leur permette de répondre aux besoins particuliers de leurs pays respectifs, de faire valoir leur culture nationale ou régionale...

… donc une Église envisagée comme communion d'Églises ?

C'est ça ! Exactement ! La théologie des pères Tillard et Rigal ! Mettre de la « collégialité » et de la « subsidiarité » dans l'Église et desserrer l'étau monarchique, afin que les affaires de l'Église universelle ne soient pas toutes réglées exclusivement par les fonctionnaires du Vatican, et que les évêques d'un même pays puissent se concerter entre eux pour décider des problèmes propres à ce pays. Laisser un peu de liberté aux évêques locaux pour leur permettre de devenir, s'ils le voulaient du moins, l'expression des fidèles dont ils ont la charge.

Autre élément de nouveauté : la place faite aux laïcs, voulue par l'Église avec notamment la mise de la parole de Dieu à la disposition des laïcs, afin qu'ils ne soient plus uniquement à la remorque de l'*enseignement* de la hiérarchie, et puissent comprendre leur foi par eux-mêmes et l'interpréter, la prendre en charge en quelque sorte. Et l'invitation faite aux laïcs à prendre des activités et des responsabilités dans l'Église, ce qui revenait à les traiter en personnes « majeures » – comme ils le sont dans la société civile et politique – et ouvrait la voie à une relative démocratisation de l'Église, afin qu'elle ne soit plus la dernière monarchie absolue du globe et puisse entrer dans le débat commun des peuples civilisés.

Enfin, au principe de ce que je viens de dire, il y avait la volonté de l'Église de se réconcilier avec l'esprit moderne, c'est-à-dire en gros – en très gros ! – avec l'esprit des Lumières. Annuler les condamnations portées contre les « idées nouvelles » au cours du XIXe siècle et reconnaître les Droits humains, la liberté de conscience et la liberté de religion. Ce qui a été effectivement fait par la Constitution *Gaudium et spes,* mais qui n'a pas produit à l'intérieur de l'Église l'effet de libération qui aurait dû en résulter, car c'est cette « ouverture » sur le monde – un monde sécularisé et laïcisé – et sur la « modernité » – une modernité accueillante à toutes les libertés, mais aussi à l'incroyance et à la permissivité en matière morale –, c'est donc cette ouverture, cette parenthèse dans l'histoire de l'Église, que la papauté voudrait ardemment refermer.

Voilà les éléments de nouveauté de Vatican II. On comprend que bien des évêques, des prêtres et des fidèles en aient été déstabilisés. C'était assurément accepter de faire entrer un certain vent de modernisme dans l'Église. D'où de fortes réactions qui ont conduit à une montée en puissance de l'ancienne minorité de Vatican II, soutenue et maintenant remplacée par des évêques plus récemment choisis et nommés et par un nouveau clergé issu en grande partie de congrégations nouvelles. Les deux volumes des *Carnets du Concile* du père Henri de Lubac, dont j'ai fait l'analyse, montrent bien quelles étaient les craintes et les répugnances de la minorité conciliaire qui ont depuis explosé bruyamment : la peur des « sciences humaines », de « l'exégèse historique », la peur que le pouvoir d'enseignement des évêques n'en subisse le contrecoup ; la crainte du « relativisme religieux » qui pourrait amener des chrétiens à déserter l'Église, et qui dévaloriserait la propagation de la foi chrétienne dans les pays de mission ; la peur de faire aux laïcs une trop grande place, susceptible de démonétiser le ministère consacré et de tarir les vocations religieuses ; la crainte de desserrer les liens de l'unité chrétienne et l'uniformité de la liturgie ; par-dessus tout, pour m'en tenir là, la répugnance à l'égard de l'ouverture au monde dénoncée comme athéisme.

L'évolution qui se fait actuellement à rebours, la tendance trop marquée à revenir de Vatican II à Vatican I et à Trente fait fuir de l'Église un grand nombre de chrétiens. À quoi s'ajoutent, depuis le Concile, les fréquentes condamnations par Rome des relations sexuelles de tous types anticonceptionnels, et, dans un ordre différent, les mesures prises pour une restauration liturgique et disciplinaire qui tend à restreindre de plus en plus la place des laïcs. C'est vrai en France, en Belgique, en Allemagne et en d'autres pays ! Des chrétiens écrivent aux évêques pour leur demander d'être « débaptisés », ou « rayés de l'institution » ou, dans les pays concordataires, refusent de payer l'impôt des cultes.

Dans le même temps, l'Église ouvre les bras aux partisans du schisme de Mgr Lefebvre et cherche à les réintégrer dans la communion catholique. On y met des conditions, mais en faisant des concessions. On leur dit : « Bien sûr, vous devrez accepter Vatican II, c'est un concile, on ne va pas le désavouer ! Mais quand on l'aura bien réinterprété, bien compris, on tiendra compte de vos critiques et de vos répugnances à son endroit ! » Donc on efface la nouveauté. Alors qu'en général, ce qu'on met le plus en valeur dans les conciles, comme dans les documents pontificaux appelés encycliques, c'est ce qu'ils apportent de neuf, qui tient parfois en quelques mots, ou en quelques lignes ou pages, et non le long et fastidieux rappel de ce qu'ont enseigné les anciens conciles ou « nos prédécesseurs d'illustre mémoire ». Aujourd'hui, on fait l'inverse : on voudrait ne retenir du Concile que la répétition de ce qui s'est dit et fait depuis toujours et la consolidation des enseignements plus réactionnaires de Vatican I, qui commençaient à être battus en brèche, et on voudrait remettre sous le boisseau les avancées de Vatican II dont je viens de parler. Par exemple, on dira : « *Oui*, il est vrai que Vatican II a voulu développer la collégialité épiscopale, *mais* toujours avec Pierre et sous Pierre », c'est-à-dire toujours sous la direction du pape. Moyennant quoi, quand se tient un synode d'évêques, on dit : « Voici la collégialité à l'œuvre ». Très bien ! Sauf que les évêques ont bien du mal à retrouver leur pensée dans le document final après qu'il a été trituré par des secrétaires romains et signé par le pape, qui le présente en disant : « Voici ce qu'ont dit vos évêques ! » Ou encore, le pape ou de hauts dignitaires ecclésiastiques vont rendre des visites cérémonieuses et cordiales dans des synagogues ou des mosquées. On ne peut qu'y applaudir. Mais dans le même temps, malgré la poursuite du dialogue entre experts, les rapprochements entre catholiques et chrétiens d'autres confessions sont freinés des quatre fers.

D'où le danger, dont nous parlions, qu'il ne reste bientôt plus dans l'Église que des fondamentalistes et traditionalistes, qui n'attendent d'elle rien d'autre que le retour aux rites anciens et aux réponses du catéchisme, ou des charismatiques si on tolère quelques exubérances religieuses. Mais parmi ceux qui actuellement, dans un esprit d'ouverture, de renouveau ou de modernité, voudraient, par exemple, lier la foi à la justice et à l'action dans la société, ou souhaiteraient un autre type de rapports et de communication entre la hiérarchie et les fidèles, entre clercs et laïcs, eh bien beaucoup de ceux-là s'en vont ou en ont envie.

D'où ce grave problème : que vont-ils devenir ? Vont-ils pouvoir au moins rester unis ? Vont-ils garder quelques liens avec l'institution pour entretenir leur vie sacramentelle ? Pour la faire évoluer aussi, ce qu'on ne réussit pas à faire du dehors ! De toute façon, une évolution à rebours est en route dans les circonstances présentes, car l'Église catholique ne tardera guère à devenir sectaire si elle se réduit à des groupes fondamentalistes ou piétistes, dont la préoccupation majeure serait de prendre le contre-pied du monde actuel.

Vous soulignez assez régulièrement la fragilité des institutions, de toutes les institutions. Si l'on en voit assez

bien les causes externes – à savoir les évolutions profondes de nos sociétés –, ne peut-on pas aussi évoquer des causes internes, propres aux institutions religieuses en général et à l'institution catholique en particulier ?

Bien sûr ! Par exemple, l'institution religieuse, prise en général, veut maintenir le pouvoir d'une élite cléricale sur les croyants – que ce soit dans l'Église catholique ou d'autres Églises chrétiennes, dans la religion musulmane et sans doute aussi chez les Juifs –, parce que cette élite en tire son autorité sur le peuple : voilà un premier point. Il peut y avoir des sentiments en eux-mêmes respectables, ou compréhensibles : la crainte par exemple, si on laisse jouer librement les sciences religieuses à l'intérieur de la théologie, de voir la Bible ravalée au rang d'un livre culturel ordinaire, où il n'y aurait plus de révélation, ou de voir la théologie totalement sécularisée, ou tel dogme abandonné comme ne pouvant plus être soutenu aujourd'hui ! Et l'Église, ne sachant pas comment maîtriser cette situation, lance des interdits, et donc voudrait à cet égard plutôt maintenir les esprits dans le respect du passé. On a vu par exemple le pape Jean-Paul II, pourtant ouvert à la phénoménologie contemporaine, dire que la vraie pensée philosophique était celle du moyen-âge, achevée avec Thomas d'Aquin !

Il y a le danger dans le catholicisme de rabattre le sacramentel au niveau du magique. C'est une opinion que je voudrais soutenir, mais je ne sais pas encore comment... Dans la mesure où un sacrement n'est plus l'expression d'une communauté, il sombre dans la magie. C'est comme ça que je voudrais notamment mettre en garde contre les ordinations schismatiques, dont on devient victime : l'épiscopat peut-il être conféré par quelqu'un qui s'est mis en-dehors de l'Église, et qui ordonne en-dehors de l'Église ?

Aussi en cause, le pape a-t-il le droit d'imposer un chef à une communauté chrétienne, sans qu'elle soit consultée ? Je fais entrer ainsi une pensée sociale, sociétale à l'intérieur de la théologie des sacrements, pour justement prévenir le risque de magie. Un jour ou l'autre, il faudra bien qu'on mène un certain nombre de réflexions : qu'est-ce qu'on fait quand on baptise un enfant ayant des parents totalement incroyants, ou quand les parents demandent le baptême de l'enfant uniquement à cause de la grand-mère, ou bien parce que le baptême c'est une belle cérémonie, alors qu'on est à peu près certain que l'enfant n'aura pas d'éducation chrétienne ? Et croit-on vraiment sacraliser un lien indissoluble par le sacrement de mariage, quand on sait le nombre de mariages qui se défont quelques années seulement après leur célébration ? Récemment un évêque refusait le baptême de couples non mariés, sauf le cas où ils prendraient l'engagement de se marier à l'église et de faire élever leurs enfants dans l'Église. Alors, que faut-il faire ? Ou bien on va tomber dans cette démarche sectaire de refus des sacrements, ou bien on va faire des sacrements sans bien savoir ce qu'on fait ? On ne pourra pas éviter cette question-là qui va remettre en cause la théologie des sacrements du jour où on voudra y réfléchir sérieusement, ce qui n'est pas encore le cas.

N'y a-t-il pas aussi le refus du débat interne, ce qui est peut-être similaire à ce qui se passe dans d'autres institutions ? Ainsi, quand des citoyens montrent leur désaccord par rapport à telle ou telle orientation, on ne débat pas avec eux ; on leur dit plutôt : « on va vous expliquer ». Toutes les institutions ont ce même défaut...

Vous avez raison de dire que toutes les institutions sont en cause ; ce n'est pas une spécialité de l'institution catholique, mais elle participe au même mal, aux mêmes défauts des autres institutions. Mais il est vrai que si elle n'admet pas l'intrusion d'un peu de démocratie en son sein, elle va se vider de tous ses fidèles, du moins en Occident, c'est certain. Alors pour le moment elle se retranche toujours derrière son autorité divine... On parle en ce moment de « l'invention » du peuple juif, j'y ai fait allusion plus tôt – eh bien ! je serais capable de faire un livre pour montrer, avec de bons arguments historiques, comment on a inventé le sacerdoce, ou le pouvoir de Pierre ! Ça ne m'empêche pas d'y croire *d'une certaine façon,* mais il faudrait que cette *certaine façon* prenne le pas sur les anciennes façons, sinon on va déconsidérer totalement l'institution sacerdotale et la hiérarchie catholique.

Pourriez-vous nous dire quelques mots sur cette question que vous venez de soulever, à savoir l'invention du sacerdoce et le pouvoir de Pierre ?

Je ne voudrais pas traiter la question au fond, je vous renvoie à mes... *(rires)* positions initiales, mais, par exemple, voici un point très simple et en même temps énorme auquel on ne réfléchit guère : le mot « sacerdoce » n'est employé dans le Nouveau Testament qu'à propos du peuple chrétien, du peuple des fidèles, c'est le seul cas ! Et on ne fait aucun cas dans l'Église du sacerdoce des fidèles, si ce n'est pour leur dire : « Votre sacerdoce consiste à vous agenouiller devant le prêtre » ! J'assistais un jour dans notre église Saint-Ignace à des ordinations et quelqu'un s'étonnait que toutes les références au sacerdoce soient prises dans l'Ancien Testament. Evidemment, puisqu'il n'y en a pas dans le Nouveau ! Cela veut-il dire que le sacerdoce chrétien est sans fondement ? Il a été inventé, soit, mais l'a-t-il été sans raison ? Non, et on peut le montrer. Mais en même temps qu'on montrera sur quel fondement et pour quelles bonnes raisons il a été inventé, on montrera comment il faudrait le transformer et dans quelles limites on pourrait s'en passer. L'Église officielle n'est pas prête encore à admettre cela. Alors ce qu'un théologien, comme moi – qui voudrais faire avancer les choses, mais qui sais que ce n'est pas en poussant des cris d'orfraie, en lançant des brûlots, qu'on fait avancer les choses –, essaie de dire et de faire – en évitant de trop préciser ma pensée, je veux dire en évitant d'affirmer sur un ton prétentieux : « Voici ce qu'il faudrait faire ! » –, c'est d'attirer l'attention sur le caractère sacerdotal du peuple chrétien, et de faire valoir que c'est un devoir de foi de le prendre très au sérieux, de le mettre à l'épreuve et d'en tirer parti. On peut essayer de lui donner une véritable représentativité ou effectivité. Essayons cela ! Le ministère consacré n'est pas tout-puissant et n'est pas la seule forme du sacerdoce chrétien ! On ne peut pas soutenir que le chrétien ne peut pas vivre en chrétien sans le prêtre, donc voyons ce que l'on peut transférer du sacerdoce ministériel dans le sacerdoce des fidèles. Voilà comment, moi, je pose la question, en disant : « Réfléchissez à cela ! » Et on trouvera matière à faire évoluer les choses dans cette ligne.

Et le rôle de Pierre ?

Je pense que la Papauté n'a commencé à devenir ce qu'elle est actuellement que lorsque le Pape s'est adossé à l'Empereur – chef d'un Empire païen – en séparant les deux fonctions qu'il exerçait traditionnellement. L'Empereur était le Grand-Prêtre de la religion romaine, et le Pape a dit : « On sépare ! » On sépare le pouvoir politique et le pouvoir religieux, mais on reste unis : toutes les questions religieuses relèveront du successeur de Pierre, mais l'Empereur, lui, devra défendre la cause de Pierre et il obéira au Pape pour tout ce qui relève de la religion. Ce fut vraiment l'institution de la Papauté en tant que pouvoir universel.

Il y a eu plus tard scission entre l'Église d'Occident et celle d'Orient, mais l'Église d'Orient avait la même mentalité, parce qu'elle était liée au pouvoir impérial, à l'Empereur de Byzance. Il en est resté quelque chose en Russie notamment, où l'Église s'est toujours sentie solidaire du pouvoir tsariste, puis du pouvoir communiste quand il a mis fin au pouvoir tsariste, et Staline lui-même respectait la hiérarchie orthodoxe tout en combattant l'Église. On en restait ainsi à la conception très ancienne où la religion est l'affaire de la Cité ; on revenait au temps des anciens Grecs ! Sauf que l'Église romaine, articulée sur un Empire qui se voulait universel, se pensait au même niveau d'universalité que cet Empire.

Si on remonte plus haut dans le temps, quel était le pouvoir de Pierre dans les tout premiers siècles de l'Église ? Il y avait alors une multitude d'Églises locales, gouvernées chacune par un évêque, et indépendantes les unes des autres, sauf qu'elles reconnaissaient toutes l'autorité souveraine du Concile œcuménique – dès qu'il y en eut (auparavant, il y eut des conciles régionaux) – pour trancher les plus graves questions de la foi, ce qui n'allait pourtant pas sans difficultés parfois. On accordait à l'évêque de Rome une certaine *spécificité,* on recourait à son arbitrage pour régler des conflits entre Églises, mais il s'agissait surtout de maintenir l'union entre elles, non d'imposer la volonté du siège romain. Saint Cyprien, qui a fait un beau traité sur *l'unité de l'Église,* disait qu'elle repose sur *la concorde des évêques* et qu'il n'y a pas de *super-évêque,* pas de Pierre omnipotent ; le successeur de Pierre est là pour faire régner la charité. Si les Églises se divisent, on porte la cause à

Rome pour qu'elle arrange les choses, c'est très différent ! On pourrait donc concevoir une évolution de la papauté actuelle dans ce sens-là, qui ne serait plus le pouvoir monarchique quasi absolu qu'il est devenu.

Pouvoir qui est peut-être aussi le résultat d'une compréhension biaisée de la formule : « Tu es Pierre et sur cette pierre je bâtirai mon Église » ?

Alors là, vous me posez une question encore plus grave : quelle était l'idée d'Église de Jésus ? Est-ce qu'il avait l'idée de l'Église ? La plupart des historiens admettent que c'est une tradition *post-pascale*, c'est-à-dire qui ne remonte pas au Jésus de l'histoire mais qui est née après sa résurrection. Ça ne veut pas dire qu'elle n'a pas de lien avec lui, car il est vrai que, dans les évangiles synoptiques (ceux de Matthieu, Marc et Luc), le mouvement lancé par Jésus était pourvu d'une certaine organisation, dans laquelle Pierre occupait un rang à part, voulu par Jésus, dû au fait qu'il fut le premier à confesser que Jésus était le Messie – ce qui n'empêcha pas Jésus, quand il parlait de sa passion à venir et que Pierre lui disait : « Ah ! Non, pas de çà », de lui rétorquer : « Arrière Satan ! », et de prédire plus tard que Pierre le renierait à trois reprises. L'évangile de Jean met en scène, dans un chapitre qui lui a été ajouté, la réinvestiture de Pierre par Jésus et la réconciliation de Jean avec Pierre, c'est-à-dire d'une Église de type charismatique avec une Église plus institutionnelle. Une lettre de Paul aux Galates le montre en conflit, à Antioche, avec Pierre, qui avait cessé de partager la table (eucharistique) des chrétiens d'origine païenne par peur des chrétiens « judaïsants ».

Tout cela indique que le pouvoir reconnu au Pape, soit au titre de la primauté, soit à celui de l'infaillibilité, n'est pas totalement dépourvu de fondement dans l'histoire de Jésus et dans ses prolongements au temps des apôtres, mais était loin d'être le pouvoir singulier et absolu qui lui a été attribué à ces deux titres dans la suite de l'histoire, et donc qu'il pourrait très bien se penser et s'exercer autrement que la Papauté s'est définie au concile Vatican I.

Ce pouvoir, il s'exerce aussi à travers une forme de gouvernement – la Curie – dont on a le sentiment qu'il fonctionne mal...

Oui, je vois que vous continuez à vouloir me piéger tant que vous pouvez, ceci sera écrit ! *(rires et protestations).* En fait, c'est bien vrai... et le plus gros danger que je vois dans la Curie, c'est que qu'elle forme un monde, et un petit monde qui empêche de voir le vaste monde. On disait jadis que c'était le regard du Pape sur le monde entier, mais le Pape lui-même est enfermé dans ce milieu romain, et il ne voit pas tout ce qui se passe réellement, ou alors s'il le voit, il ne le comprend pas tel quel ; la Papauté n'a pas su évoluer avec le temps. Comment Rome, qui a toujours dénoncé, au long du XIXe siècle et par la suite, les idées modernes, comment voulez-vous qu'elle se sente un peu solidaire du monde tel que nous le voyons ? Vatican II avait espéré – espéré – contrebalancer la Curie romaine en développant la collégialité épiscopale et, au fond, c'était dans le désir de conférer à Rome un pouvoir plus réellement universel, parce que mieux informé, et en laissant s'exprimer la voix des hiérarchies locales : cela en fait n'a pas eu lieu.

Il faudrait donc envisager une hiérarchie non plus en termes de pouvoir mais de service vers une communauté plus vaste ?

C'est ça ! Et du maintien de l'unité entre tous les groupes chrétiens pour que tous ensemble confessent Jésus Christ. C'est le rôle de l'évêque de garder l'Église locale ouverte sur l'Église universelle. Ainsi, je trouve très bien que tel évêque européen s'accorde avec tel évêque africain pour jumeler des paroisses ou des diocèses : ça ouvre le regard des chrétiens, ça entretient un courant de don, de sympathie, de soutien fraternel. Il est bon aussi que les évêques, sans revendiquer pour autant des égards particuliers, entretiennent des relations, bonnes si possible, avec les autorités civiles et aient à cœur que leurs fidèles s'intéressent à tous les problèmes de la société qui est la leur : cela concrétise le « service du monde » auquel l'Église de Vatican II a voulu se vouer.

À plus forte raison, c'est le rôle du pape d'inviter et d'appliquer concrètement les fidèles de toute l'Église au service du monde, non de faire la leçon aux pouvoirs publics, moins encore de leur donner des ordres ni de leur adresser des remontrances, mais de rappeler aux chrétiens qu'ils sont également membres de la cité terrestre et qu'ils doivent en porter le souci. À cet égard, je ne suis pas formellement hostile au fait que le Vatican ait voulu maintenir un statut d'État, qu'il veuille faire entendre sa voix à l'ONU, qu'il ait des liens avec les États ; j'en vois bien le danger, mais ce n'est pas forcément mauvais, cela peut se comprendre comme une mission d'incarnation, c'est en tout cas ainsi que j'en vois l'intérêt.

Par contre, il ne me paraît pas nécessaire que les nonces soient tous des évêques ni des clercs. Le jour – lointain, si jamais il vient ! – où la Papauté aura pris une juste mesure de la mission du laïcat, je verrai très bien des laïcs compétents prendre la place des nonces ; peut-être ne seront-ils pas tentés de jouer le rôle d'un super-évêque ! L'important est d'élargir les horizons des chrétiens et des communautés catholiques, afin qu'ils soient individuellement et qu'elles soient collectivement solidaires de toutes les souffrances des hommes, si loin qu'ils soient, et de toutes les tâches d'amélioration de la condition humaine.

Dans cette marche en avant, on est tenté de s'appuyer – à défaut de la suivre – sur l'expérience de ceux qui nous ont précédés, ce qu'on pourrait appeler pour faire vite la tradition. Quand on est un homme ou une femme en quête de sens, de libération, appelé à une forme de transcendance, au XXIe siècle, comment va-t-on se promener dans le dédale de la tradition ? Comment faire, comment procéder pour ne pas s'y perdre ?

Moi, je me conformerais à la définition d'Eric Weil : « la seule tradition de l'Occident, c'est celle du changement » ; ça me plait assez car je dirais la même chose pour la tradition catholique. Et comment pourrais-je dire autre chose, vu que la tradition catholique est intimement liée à la tradition du monde occidental. Je ne vois pas comment on pourrait les séparer.

La théologie a eu le tort d'arrêter la tradition, de l'interrompre à un certain moment. Pratiquement, on l'a enfermée dans ce que nous appelons le temps des Pères de l'Église, on l'a arrêtée vers les VIIe-VIIIe siècles. À ce moment-là, les papes ont dit pratiquement : la tradition, c'est moi. Il y en a un qui l'a dit, c'est Pie IX, mais en gros ils l'ont tous un peu pensé, en ce sens qu'ils se sont donné à eux seuls le pouvoir de fixer la tradition, alors qu'il nous faut reprendre la définition de Weil : la tradition de l'Église, c'est une tradition du changement. Elle a évolué – ce point là peut se prouver facilement – sans se renier. Je ne dis pas qu'elle a inventé ; non, on s'y retrouve, parce que l'esprit humain est historique. La tradition, c'est l'historicité de la foi, pour en donner une définition proprement théologique, c'est la foi qui se pense dans le temps. La tradition a deux dimensions, l'universalité et puis la transversalité du temps.

La tradition s'est un peu interrompue en Occident, semble-t-il, du moins dans ses organes de transmission. Une rupture s'est produite au temps de la modernité, quand on s'est dit que la science ne se construisait pas en arrière, en récapitulant ce qu'ont dit les anciens, mais en avant, en cherchant et en faisant des expériences toujours nouvelles. Ça a été le grand virage qui a commencé dès le XIVe siècle, parce que la modernité remonte en fait plus haut que ce qu'on appelle la modernité littéraire ou philosophique. Peut-être là, du coup, s'est-on libéré trop vite de la tradition. Car c'est aussi en fouillant le passé que nous apprenons à ouvrir des voies nouvelles à l'intelligence. Et c'est vrai à tous les points de vue : en mathématiques, on n'a pas rejeté le théorème de Pythagore ; en philosophie, on aime remonter jusqu'aux Présocratiques ; et le structuralisme nous a rendu l'estime de la « pensée sauvage » des sociétés primitives. Une autre preuve en est que la modernité littéraire est liée à ce qu'on appelle l'humanisme, qui fut la redécouverte de l'antiquité gréco-latine.

Il ne faut donc pas rejeter la tradition, mais la repenser, sans la prendre telle qu'elle s'est énoncée dans le passé et sans en faire un argument d'autorité invincible ni d'immobilité intangible. Il ne faut pas non plus la limiter à ce qui a été dit par des conciles, car les conciles n'inventent pas la foi, ils s'en tiennent, en principe, à définir, à mettre au point et en formules ce qui était déjà cru partout dans l'Église. Ainsi a-t-on vu au concile de Nicée les évêques venir témoigner de ce qui était cru de tout temps dans leurs Églises respectives. Et on a vu un demi-siècle plus tard le concile de Constantinople retrancher du Symbole de Nicée une formule, « Fils engendré de la substance du Père », à laquelle les fidèles n'avaient pas accepté de se rallier. Ce qui compte dans la tradition, ce qui fait la tradition, c'est la foi vivante de l'Église, une foi qui n'arrête jamais de se penser. Cela nous apprend enfin à ne pas arrêter la tradition, à ne pas lui fixer de limites dans le temps : la tradition continue de nos jours, en nous et avec nous. Elle se fait en s'innovant, sans rien abandonner du passé de la foi mais en le repensant dans la pensée des temps nouveaux, et en gardant le souci de l'universalité de l'Église, afin que les fidèles de tous les pays, qui n'ont pas tous la même langue ni la même sensibilité religieuse, continuent néanmoins à communier dans la même foi. Continuité et communion, mais dans le dialogue avec le monde présent et dans la diversité des cultures, telle est la visée de la tradition catholique.

Les théologiens médiévaux ramenaient pratiquement la tradition à « l'autorité », mais mise au pluriel : les « autorités » de la foi, c'étaient les grands évêques théologiens des premiers siècles de l'Église, illustres par leurs fonctions et leur histoire autant que réputés par leur savoir et leurs écrits, dont les auteurs du Moyen Age ne connaissaient d'ailleurs que des extraits d'anthologie. À ce compte, les conciles postérieurs ne pourraient guère jouir de l'appui de la tradition, malgré leurs références aux « autorités » du passé, que la science critique de notre temps comprend souvent très différemment. Mais surtout cette conception aristocratique de la tradition (si semblable à celle des « personnes autorisées » chez Aristote) a le tort très grave de vider la foi de l'Église du « sens de la foi des fidèles ».

Il nous faut donc réinstaurer dans le concept de tradition ce que la théologie appelle le *sensus fidei* ou *sensus fidelium,* l'intuition de la foi, le sens de la foi qu'ont les fidèles ; la foi de l'Église, ce n'est pas seulement la foi des évêques, même si les fidèles sont guidés par leurs évêques, c'est la foi du peuple chrétien. Et puisque la tradition ne s'arrête jamais, il faut la laisser venir jusqu'à nous maintenant, la prendre en nous pour insérer en elle notre pensée de la foi. Ce n'est pas tellement facile, car la tradition ne se confond pas avec toutes les opinions et les modes du jour, il faut néanmoins la faire entrer dans le débat contemporain. Pour ma part, je poursuis la démarche interrogative de la tradition en m'efforçant de voir et de saisir ce que disent, sur telle question à laquelle je réfléchis, les théologiens et les exégètes de notre temps, et aussi les philosophes – qu'on ne doit pas exclure de la tradition chrétienne même s'ils ne s'en réclament pas, car ils représentent la pensée contemporaine avec laquelle nous pensons notre foi.

La philosophie occidentale – c'est ce qu'a voulu dire Benoît XVI, même s'il l'a mal dit –, est issue d'une tradition chrétienne, qui elle-même reprenait la tradition grecque et latine, avec d'autres éléments des cultures juive ou mahométane. La tradition se consulte, elle tient forum, elle s'interroge. Ce n'est pas l'écume de ce qui arrive maintenant dans les journaux ou dans la multiplication des ouvrages de théologie. Il y a un discernement à faire : comment retrouver une foi commune là-dedans ? Elle se cherche, elle se fait dans le débat entre théologiens, exégètes, philosophes, historiens, sociologues, psychologues... Quand on observe toutes les idées qui s'affrontent et s'échangent sur un même point de la doctrine chrétienne, on voit se dessiner des lignes de recherche et d'intelligence qui tracent le champ à explorer par la réflexion théologique.

Par exemple, l'histoire de Jésus, dont ne s'occupait pas le dogme christologique des siècles passés, s'est portée depuis plus d'un siècle à l'avant-scène de la recherche théologique, entraînant à sa suite de nouvelles enquêtes à travers les deux Testaments, provoquant des débats entre juifs et chrétiens, questionnant les définitions les plus fondamentales de la foi chrétienne. Tout cela, qui modifie en profondeur notre regard sur Jésus, qui impose de respecter sa judéité, qui fait bouger un dogme qu'on croyait à jamais fixé depuis des temps immémoriaux, tout cela fait partie de la tradition de la foi, c'est l'avancée de la tradition dans notre temps. Nous ne savons pas bien où elle nous conduira, sinon qu'il faut suivre son mouvement, car c'est elle qui porte la pensée vivante de notre foi. La foi n'est vivante qu'en allant de l'avant, sans fuir aucun combat.

La fidélité à la tradition n'est donc pas immobilisme. Elle consiste à poursuivre le travail d'intelligence de la foi qui s'est fait dans l'antiquité chrétienne, qui s'est poursuivi à l'âge de la modernité, et qui entre dans de nouvelles turbulences au temps d'aujourd'hui que beaucoup appellent post-modernité, d'autres post-occidentalisme ou post-christianisme, tellement les gens de notre temps ont peur d'être enfermés dans quelque passé antérieur. Pour peu qu'elle soit au courant des conflits doctrinaux qui eurent lieu dans les siècles fondateurs du christianisme, la théologie ne doit pas avoir peur des débats d'aujourd'hui. Ce qui la pousse à aller de l'avant, ce n'est pas une phobie honteuse de son passé, non plus que le goût des nouveautés qui font parler d'elles, c'est le mouvement même d'une tradition qui ne se résigne pas à mourir.

Vous auriez d'autres exemples de ce qui est débattu en ce moment ?

Le rôle régulateur de la papauté, sa primauté, son infaillibilité, son rapport au concile. La papauté efface l'autorité propre au concile du fait de s'arroger le privilège de signer toutes ses déclarations, qui ne deviennent vérités de foi qu'en passant par la parole du pape. Quand on a vu un pape au temps de Vatican II retirer aux Pères conciliaires le droit de légiférer sur une question, celle de la contraception notamment, on se demande s'il croyait vraiment à l'infaillibilité de l'Église rassemblée en concile dans la personne de ses évêques. La sourde révision actuelle de Vatican II par l'autorité papale s'inscrit également contre l'autorité œcuménique du concile. La pondération du pouvoir pontifical par la collégialité épiscopale, voulue par Vatican II, est pratiquement vidée de ses applications, du fait que les synodes laissent au pape la responsabilité de conclure leurs débats. Les Églises locales ne jouissent d'aucune marge d'indépendance à l'égard de la bureaucratie romaine. La moindre déclaration papale est censée de nos jours avoir valeur d'acte « définitif » Et il faudrait encore parler de la stagnation actuelle des pourparlers œcuméniques en vue de la réunion des Églises. Tout le gouvernement de l'Église romaine, attardée dans la hiérocratie médiévale, contraste étrangement avec les systèmes démocratiques du monde occidental. Et le tarissement du recrutement sacerdotal fait planer de lourdes interrogations sur le gouvernement de l'Église dans un proche avenir.

Voilà quelques-unes des questions ouvertes de nos jours à des débats plus ou moins publics. Je voudrais en ajouter une autre, qui pointe à l'horizon. Des historiens ont soutenu que le protestantisme s'était répandu à la faveur de l'imprimerie qui mettait la Bible à la disposition de qui voulait la lire et pouvait ainsi contrôler si l'enseignement venu de Rome était conforme ou non à celui de l'Écriture divinement inspirée. Or, de nos jours, les catholiques sont de plus en plus nombreux à lire la Bible et à la lire correctement. Cela ne va pas faciliter dans l'avenir les relations des laïcs avec les « clercs », qui étaient dans le passé les seuls à jouir de la formation requise pour bien lire la Bible avec autorité.

Cela veut dire quoi, lire *bien* et *correctement* la Bible ?

Nous avons déjà parlé de la difficulté de lire les textes anciens : il faudrait connaître les langues dans lesquelles ils ont été écrits puis traduits avant de parvenir jusqu'à nous, l'hébreu, le grec, le latin, d'autres langues encore, contemporaines de ces écrits, comme le sumérien, ou l'araméen ; il faut connaître la culture des sociétés et des pays où ils ont vu le jour, leur histoire, leur géographie ; puis connaître l'histoire de la transmission des textes et être capable de comparer leurs différentes versions ou leçons. Et pour qui n'a pas toutes ces connaissances – je suis loin de les avoir –, il faut avoir étudié de bons commentaires et disposer de bonnes traductions, bien annotées. Quand je disais à l'instant que beaucoup de laïcs catholiques sont capables de lire « correctement » la Bible, je faisais allusion aux possibilités qu'ils ont actuellement de recevoir une formation suffisante et de disposer de bons outils de travail, je ne parle pas d'ouvrages savants, mais de bonne vulgarisation.

Mais votre question peut être comprise dans un sens différent : lire « correctement » la Bible, c'est la comprendre telle qu'elle est enseignée par le Magistère. Et une grave difficulté surgit quand la lecture « correcte », au sens scientifique, que les fidèles ont apprise à faire, s'écarte par trop de la lecture « correcte », au sens dogmatique, que répand la prédication courante qui se fait dans les églises. À l'aube du VIe siècle, Augustin disait à ses chrétiens : « Si tu ne crois pas à l'Écriture, parce que tu n'as pas pu la lire, crois à l'autorité de l'Église qui affirme : c'est écrit » – sous-entendu : fais confiance à ceux qui lisent les Écritures et savent où et comment telle doctrine y est révélée. Voilà un langage d'autorité, fondé sur une position de pouvoir et basé sur un savoir, qui, bientôt, ne pourra plus être tenu ou aura perdu beaucoup de sa force de persuasion sur la majorité des fidèles. Les relations de gouvernement dans l'Église deviendront plus difficiles, plus tendues. On a déjà vu des chrétiens laïcs se mettre en peine de rédiger leur propre credo, à partir de leurs propres connaissances et interprétations des Écritures. Cela témoigne d'un sens aigu de la foi, en même temps que ça représente un gros danger de rupture de tradition et de perte de l'unité de la foi. Pour conjurer ce danger, le Magistère devra revoir son enseignement, respecter davantage le travail de ses savants, changer de langage, modifier considérablement son style de gouvernement.

Voilà les nouveaux débats, les nouveaux dangers qui pointent à l'horizon. Des fidèles sont devenus « éclairés » et entendent se conduire en croyants « majeurs ». La ligne de démarcation entre « clercs » et « laïcs » se brouille, la distance entre « bergers » et « brebis » se réduit : l'Église est entrée dans une ère nouvelle.

Dans cette perspective-là, quelle est la pertinence de la rupture entre clercs et laïcs ?

Elle est sûrement en train de diminuer et de changer de nature. Vatican II a été à cet égard un fait irrécusable, une rupture capitale. La disparition de l'habit clérical en a été un signe caractéristique, la volonté manifeste de le réintroduire de nos jours est la preuve que ce signe a été compris dans toute sa gravité, et qu'une tradition attardée essaie de reconquérir les positions qu'elle avait perdues. On affirme aujourd'hui en haut lieu qu'un concile nouveau doit toujours s'interpréter dans une pure ligne de continuité et non de rupture avec les précédents. C'est manifester une grande ignorance de l'histoire. Le demi-siècle d'âpres débats qui eut lieu entre les deux premiers conciles œcuméniques, ceux de Nicée et de Constantinople, portait expressément sur les « mots nouveaux » introduits par Nicée dans le Symbole de la foi ; il en est allé de même entre les deux suivants, Éphèse et Chalcédoine, et ainsi de suite. Chaque nouveau concile tient à souligner sa continuité avec le précédent, à juste titre parce qu'il n'a pas voulu innover dans la foi, mais aussi par diplomatie, pour mieux faire passer les changements bien réels qu'il préconise, et pour la raison évidente qu'il n'a pas été réuni simplement pour répéter ce qu'on savait déjà. Vatican II a été convoqué expressément pour opérer une « mise à jour » (*aggiornamento)* du langage de l'Église, une nouvelle relation entre elle et le monde, un autre style de relations entre Rome et les autres confessions chrétiennes, entre la papauté et les évêques, entre clercs et laïcs, changement dont beaucoup de fidèles, de théologiens et d'évêques ressentaient la nécessité. Vouloir revenir en arrière, c'est aller contre la vraie tradition innovante de la foi, et c'est se préparer à de cruels déboires.

Je pense que les communautés chrétiennes sont en voie de se reconstituer en communautés de lecture de l'Évangile, autrement donc qu'en communautés de célébrations ; on n'est plus dans la situation où les fidèles ne pouvaient entendre l'Évangile que dans l'acte hiérarchique du clerc qui leur en faisait la lecture et leur dictait ce qu'ils devaient en comprendre. Ils sont en voie de prendre la responsabilité de leur être chrétien, de se définir par rapport à l'Évangile et de prendre aussi la responsabilité de leur être en Église : ils font Église du fait de lire ensemble l'Évangile comme la parole que Jésus leur adresse en ce moment même parce qu'ils sont réunis autour de lui et pour qu'ils se communiquent sa parole les uns aux autres par leurs échanges mutuels.

Je sais bien que ça ne résout pas tout. Comme je le disais tout à l'heure : ils sont chrétiens dans la mesure où ils sont reliés à d'autres communautés et reliés au passé de la foi. En tenant compte de cela, et en écartant toute intention de rompre ces liens en se dotant d'un autre credo, la volonté des fidèles de se comporter et d'être traités en personnes responsables de leur être-chrétien et de leur être-ecclésial crée une situation toute nouvelle dont l'autorité pastorale doit dès aujourd'hui se préoccuper, sous peine d'aller au-devant d'une nouvelle et irrémédiable perte de substance de l'Église.

Qu'est-ce qui empêcherait qu'on conçoive une égalité radicale entre clercs et laïcs, et même qu'on aille vers une Église sans ministres – en tout cas au sens exclusivement clérical du terme ?

Le rôle du sacerdoce chrétien (ministériel) tel que je l'envisage, c'est de maintenir le lien avec l'événement historique de Jésus, et je n'en fais pas une question de pouvoir – j'évite personnellement d'utiliser la notion de pouvoir en théologie sacramentelle. Je sais bien que dans le temps on disait aux curés de paroisse : « Vous êtes le Pape dans votre paroisse ! » Non ! Dans toutes les religions, des ministres ont un pouvoir lié à l'autorisation d'effectuer certains rites qui paraissent nécessaires. Ce que je vois dans le rôle du prêtre, c'est premièrement de maintenir le lien à l'événement historique de Jésus ; c'est de garder le sens que le sacrement est un don ; autrement dit, ce serait bien qu'on retire au prêtre l'exclusivité du sacrement, mais attention à ne pas voir des laïcs s'arroger le pouvoir dans leurs communautés, et un pouvoir qui serait le même, aussi omnipotent que celui des curés du passé – vous le verrez si vous ne le voyez déjà... Faisons attention à cela et évitons de dire qu'on va enlever du pouvoir aux curés pour le donner à des laïcs.

Il faut éviter de poser la question en termes de pouvoir ; que le prêtre comprenne son ministère vraiment en termes de service et non pas de pouvoir sur des personnes est une chose que je trouve très bonne. Attention à ne pas dire : « On va transférer les pouvoirs du prêtre à des laïcs », même choisis par des communautés ! Mais cela ne veut pas non plus dire qu'une communauté où il n'y aurait que des laïcs serait dépourvue de sacrements. Je pense qu'elle pourra inventer ses rites (non ses sacrements), en union avec l'évêque, dont la charge est de maintenir une certaine forme d'universalité, d'ouverture sur l'universel.

Pour moi, c'est ça la véritable utilité de la hiérarchie : garder le regard ouvert sur l'universel ; quelques évêques savent le faire. Alors que trop souvent le pouvoir épiscopal est au contraire enfermant ! Aussi faut-il éviter que les communautés chrétiennes ne se renferment sur le local.

Maintenir une visée universaliste de l'Église et inventer en même temps, concurremment, une certaine organisation démocratique, cela ne se fera pas du jour au lendemain, cela ne se fera pas sans danger, mais c'est un noble idéal à poursuivre, qui sera peut-être le salut de l'Église. Car, quand je parle d'un regard ouvert sur l'universel, je ne veux pas dire seulement que les plus petites communautés doivent être en lien avec de plus grandes, ni que les Églises locales doivent être en communion les unes avec les autres, unies à l'Église universelle ; je pense tout autant à l'universel humain, à l'univers des hommes lui-même lié à notre planète et au cosmos. Et cela, c'est avant tout la vocation séculière du laïcat. C'est pourquoi il ne s'agit pas de mettre le clergé et le laïcat en concurrence, mais en situation de complémentarité au service de l'Évangile et du monde.

Et voici un autre aspect du changement en cours dans la conscience d'être chrétien : les fidèles vont de plus en plus ressentir qu'être chrétien n'est pas autre chose que d'être homme, une manière particulière mais authentique d'être homme. Ils prendront la responsabilité de leur être-chrétien en prenant la responsabilité de leur être-homme et du destin de l'humanité, de sa marche en avant. Une relative sécularisation de la vie chrétienne est en voie de se faire et ne doit pas être évitée, sous peine d'un considérable affaiblissement de la foi et d'une diminution décisive de sa présence et de son influence dans la société. Cette sécularisation se manifestera par un plus grand souci des fidèles de prendre en charge les problèmes de société, qu'ils soient éthiques, politiques, économiques ou sociaux, et de le faire en concertation étroite avec tous autres citoyens qui ne fréquentent pas l'Église et qui sont préoccupés des mêmes problèmes. Et c'est par ce moyen-là que l'Église évitera de devenir une secte religieuse parmi tant d'autres et poursuivra efficacement sa mission évangélisatrice dans ce monde nouveau, une mission où la part des laïcs sera prépondérante.

Voilà une des grandes nouveautés que j'entrevois. Ce ne sera pas la fin du Magistère ; ça ne supprimera pas non plus le rôle d'une théologie savante dont on aura toujours besoin, qui devra même s'étendre à d'autres domaines, politique, économique, etc., et qui bénéficiera du travail de laïcs, hommes et femmes, autant que de clercs. Le rôle du Magistère s'en trouvera forcément relativisé, non fatalement diminué, s'il réussit à se faire sa place sur le plan de l'universalité de la pensée, du maintien de la communion, de la stimulation et de l'orientation de la recherche, de la régulation de la foi – autrement dit s'il apprend à exercer son autorité d'une autre façon, comme il convient de parler à des gens avertis et adultes, ainsi que les gouvernants politiques apprennent à le faire dans les démocraties contemporaines.

Et donc davantage un Magistère d'inspiration qu'un Magistère de domination ?

C'est ça. Et un Magistère qui aurait la charge de réguler la communication entre les communautés chrétiennes. À différents degrés d'ailleurs. Si les chrétiens occidentaux devront faire attention à ne pas perdre le contact avec leurs frères d'Afrique ou d'Asie, il ne sera pas possible cependant que tous parlent le même langage. L'unité n'est pas l'uniformité, comme on le conçoit trop facilement dans l'Église catholique. Les Africains auront leur manière à eux de se dire chrétiens, et les Européens une autre. Sans se contredire pour autant. Surtout qu'il ne s'agit pas de redéfinir en bloc la doctrine chrétienne, mais la place du christianisme dans le monde, son rôle dans l'histoire et la société. C'est ce qui me paraît le plus important. C'est toute cette dimension que j'ai appelée justement catholique qui sera à mettre en place d'une autre manière. Car, s'il ne doit pas y avoir de séparation entre les chrétiens d'Afrique ou d'Asie et ceux d'Europe, il ne doit pas y en avoir non plus entre l'homme chrétien et l'homme non croyant ou l'homme d'une autre religion, qu'ils soient occidentaux ou non.

Je pense que le christianisme va subir la force de pesanteur de l'incarnation, s'incarner davantage dans les réalités du monde qui sont d'ordre civilisationnel, économique, politique, et que l'Évangile prendra en charge – ce qui ne veut pas dire sous son pouvoir – l'unité de l'humanité. La propagation de l'Évangile se fera en partie par des moyens doctrinaux et religieux, éthiques et spirituels, comme elle se fait déjà, mais aussi par toutes sortes d'autres moyens et sans prosélytisme religieux, car l'Évangile n'est pas « une voie déterminée de salut » parmi d'autres (ainsi que le théologien germano-américain Paul Tillich a su excellemment le dire) ; il est la voie de l'accomplissement de l'homme en tant qu'homme, selon le projet de Dieu qui l'a créé « à son image », et la voie d'unification de l'humanité, « afin que tous soient un », selon la mission et le testament de Jésus.

Dans cette perspective, quelle place revêtirait l'idée de communion en termes cultuels ? S'achemine-t-on vers une Église post-cultuelle, où le culte en tant que tel perdrait de l'importance par rapport à d'autres façons d'exprimer sa foi ?

Dans le culte chrétien, il y a deux choses fondamentales : le baptême, qui est l'entrée dans l'Église, et l'eucharistie. Ce sont les deux sacrements que le Christ a légués à son Église.

Le baptême devra vraisemblablement se modifier. Est-ce qu'on continuera à baptiser des enfants à la naissance ? Beaucoup d'enfants, de nos jours, sont baptisés plus tardivement dans l'adolescence, de même que les baptêmes d'adultes se multiplient. Si on continue à le donner dès la naissance, c'est un sacrement qu'il faudra définir autrement : comment expliquer que des enfants encore inconscients soient déjà devenus fils de Dieu ? Mais ce rite, qui nous a été légué par la tradition la plus primitive, demeurera certainement, mais en évoluant comme il a déjà radicalement évolué, quand on est passé du baptême-profession de foi des adultes au baptême des enfants par immersion. On avait du même coup supprimé l'obligation de se convertir à l'Évangile, ce qui était censé se faire après, par l'éducation familiale. Comme on ne peut plus compter sur cette dernière, on sera obligé de redonner la priorité à la conversion sur l'acte sacramentel. On trouvera d'autres moyens et d'autres degrés de rattachement à l'Église : de nos jours, le catéchuménat des adultes a ouvert des voies prometteuses. Si on veut « rechristianiser » la société, et si on ne veut pas se payer de mots, il faudrait commencer par évangéliser bien des baptisés : l'initiation à l'Évangile prendra le pas sur le rite dans le parcours sacramentel.

L'eucharistie est l'autre rite essentiel du christianisme. Elle aussi s'est pratiquée de bien des manières au cours des temps. Elle avait, dans ses origines, un caractère social et convivial – celui du repas fraternel –, et raisonnable et langagier – celui d'un partage d'Écriture –, qu'elle a perdu quand elle est devenue, au bout de plusieurs siècles, un pur « sacrifice » dont l'activité était réservée au sacerdoce consacré. L'Église y a pris un visage mystérique, sacral, qu'elle ne tenait pas de ses origines évangéliques. La réforme liturgique préconisée par Vatican II avait cherché à rendre à l'eucharistie quelque chose de son caractère initial, mais il s'est produit cinquante ans plus tard un retour en arrière sur ce point comme sur beaucoup d'autres et on voudrait donner plus d'importance à la sacralité du rite qu'à la sainteté évangélique. On a donc du chemin à faire, revenir à l'esprit du concile pour repartir de l'avant.

Dans le cas de l'eucharistie comme dans celui du baptême, la théologie du sacrement a besoin d'être revisitée par un retour à l'Évangile. Dans le cas du baptême, la présence de Dieu dans l'âme doit être attribuée à la conversion à l'Évangile dans la communion au corps du Christ qui est l'Église plus immédiatement qu'au rite de l'eau et du chrême qui n'est que le signe du don de la foi. De même dans le cas de l'eucharistie faudra-t-il donner plus d'importance, accorder une plus grande signification sacramentelle à la présence du Christ à sa communauté, rassemblée pour écouter sa parole et devenir son corps, qu'à la présence rituelle de la chair du Christ dans l'hostie consacrée.

La première partie de la messe n'est-elle pas en fait la reprise d'un rite juif ? Et la présence du Christ à la communauté, pourquoi la relier uniquement à des textes de la Bible, et pas à d'autres textes ou à des événements ?

Le caractère fondamental de l'eucharistie, c'est le lien à la personne du Christ, à sa mémoire, entretenue par la lecture de l'Évangile, à sa présence dans la communauté, et aussi à son attente. Car l'eucharistie a une dimension eschatologique, qu'on ne doit pas oublier. Elle a repris, c'est vrai, la structure d'une prière juive liée à un repas religieux, à quoi s'est ajouté un ritualisme commun à tous les rites sacrificiels, païens inclus, car l'idée de sacrifice est commune à la plupart des religions. Mais cela n'est pas fondamental (la Cène ne fut très probablement pas un repas pascal et Jésus avait pris une attitude opposée aux règles de pureté).

L'important dans l'eucharistie est, d'une part, son rapport au dernier repas de Jésus avec ses disciples à la veille de sa mort et à son caractère d'anticipation du banquet du royaume de Dieu, et, d'autre part, son rapport aux repas fondateurs de l'universalisme chrétien par la convivialité qu'elle instaurait entre juifs et païens d'origine, entre esclaves et hommes libres et entre hommes et femmes. Voilà qui nous invite à refonder l'eucharistie sur l'Évangile plutôt que sur la ritualité sacrificielle.

Dans l'Église ancienne, les chrétiens recevaient l'enseignement des apôtres au cours du repas eucharistique. Plus on donnera de l'importance à la lecture et au partage d'Évangile, plus on évitera l'écueil du ritualisme et mieux on comprendra ce qu'on appelle la « présence sacramentelle » de Jésus. Il y a une phrase de Tertullien que j'aime citer. Il disait : « Quand on lit les Écritures, nous entendons la voix des apôtres ». Nous les entendons comme s'ils étaient au milieu de nous, et donc nous évoquons la présence de Jésus comme s'il venait à nouveau parmi les siens. Cela donne le sentiment d'appartenir à une histoire et à une famille. Cela montre aussi que Jésus vient à nous par l'audition de sa parole évangélique avant de signifier sa présence par le rite.

Il est vrai que pourraient intervenir d'autres lectures : des récits d'expériences chrétiennes vécues, des textes évocateurs des souffrances dans lesquelles vivent tant de gens, des prières émanant d'autres religions – mais ces textes ne prendraient une vraie signification eucharistique que dans la mesure où ils feraient écho à quelque récit ou parole d'Évangile ou y renverraient. On peut aussi rappeler à ce propos la coutume des premiers chrétiens de commencer la réunion eucharistique par la pratique de la correction fraternelle et du pardon mutuel : ils évoquaient ainsi leurs relations concrètes dans la construction de la maison de Dieu et la manière dont ils se comportaient en chrétiens dans un monde païen. Ainsi l'eucharistie n'était pas une parenthèse idéaliste dans leur vie, elle prenait place au centre de leur existence et de leur présence au monde. Un partage de parole fait de cette façon vaudrait un long sermon.

Je pense que le renouveau sacramentel de l'Église se fera par une sécularisation accrue de l'être-ensemble des chrétiens et non par la restauration d'un rituel ancien.

De façon un peu formelle, s'il devait y avoir un nouveau concile, quels points devrait-il aborder prioritairement, et pourquoi ?

Premièrement, je ne mets pas formellement mon espoir dans un nouveau concile, parce que, tels que se font actuellement les conciles, ce sera encore un acte purement magistériel, et la composition majoritaire présente du corps épiscopal ne permet guère d'espérer, il s'en faut, qu'un nouveau concile entreprenne les changements dont nous ressentons l'urgence. Ou alors il faudrait un concile qui fasse appel à une représentation responsable de laïcs, mais on n'en est pas là, on peut tout juste préparer cette évolution, ou y rêver. Je ne récuse pas les actes magistériels, mais je trouve plus important que se poursuive la décléricalisation et que se mette en place une manière d'être en Église qui est imposée de toute façon par la raréfaction du clergé. Et par la « majorité » acquise du peuple chrétien. Le chrétien parvient à l'âge majeur de la foi, c'est-à-dire qu'il peut oser raisonner par lui-même, oser interpréter l'Évangile. Je voudrais pour ma part d'abord que ce premier point se mette en place.

C'est pourquoi je ne milite pas formellement pour la suppression de la loi du célibat ecclésiastique ni pour l'ordination des femmes, même en supposant que cela amènerait plus de personnes dans les rangs du clergé. Ce n'est pas cela l'important, cela pourrait même empêcher que se fassent les vrais changements nécessaires. Je ne suis pas contre l'ordination de personnes mariées des deux sexes. Je pense qu'elle se fera avec le temps, par nécessité ou par une évolution des esprits. Mais ce n'est pas le plus urgent. Au contraire, si on fait porter tous nos efforts sur ce point, on confortera l'idée que l'Église ne peut tenir que grâce à son clergé, et on passera à côté de l'essentiel.

Le premier besoin, c'est de laisser s'exprimer l'ensemble des chrétiens et de prendre les moyens pour que leur voix se fasse entendre au sommet de l'Église, et qu'il en soit tenu compte. Cette évolution ne pourra pas se faire sans l'intervention d'un acte magistériel. Mais il y a un long chemin à parcourir avant qu'on en arrive là.

L'étape préliminaire, avant de viser le sommet, sera d'installer un laïcat responsable à la base, au sein et à la tête des communautés chrétiennes, avec l'accord et sous le contrôle de l'évêque du lieu. « Responsable », cela veut dire un groupe de laïcs aptes à représenter la communauté qui les a nommés et délégués à cette charge, et capables d'organiser et d'animer la vie de la communauté, sa prière, son apostolat, ses activités et services. Et petit à petit cette responsabilité des laïcs devrait s'étendre à un ensemble de structures paroissiales, puis à l'Église locale (au diocèse), en coopération avec le presbytérat et l'épiscopat. Dans ce groupe de laïcs responsables, il s'imposera qu'il y ait un bon nombre de femmes, afin que la femme puisse occuper des postes de direction dans l'Église comme elle le fait de nos jours dans des organismes politiques, sociaux, culturels ou économiques, sous peine que l'Église apparaisse comme la dernière survivance des sociétés patriarcales et féodales des temps anciens.

Quand cela sera fait, on pourra songer à envoyer des laïcs, démocratiquement élus, au concile ! Mais on n'est pas près d'y arriver et ne me demandez pas d'imaginer comment cela pourra se faire. Il s'avère déjà quasiment impossible de rassembler les évêques du monde entier et de les faire travailler utilement et en bonne entente. Pour les années et les décennies à venir, il serait déjà beau de parvenir à donner à l'Église de France une structuration moins hiérarchique et sacrale, moins exclusivement cléricale et masculine, et un visage un tant soit peu démocratique et laïc : c'est presque une question de décence dans le monde où nous vivons ! Et c'est sûrement une question vitale pour le déploiement de la mission évangélique.

Il faudra laisser faire le temps, tout en sachant qu'on n'en a pas beaucoup devant nous pour stopper la déperdition des forces vives de l'Église. Il faudra laisser se défaire de lui-même son tissu sacral, à condition que les laïcs soient prêts à prendre le relais, non à s'emparer du pouvoir, ni simplement à accepter la faveur d'y coopérer, mais à remplir les services auxquels la communauté les délèguera. Car il n'y aurait aucun gain à remplacer des clercs par des laïcs, si on n'était pas convaincu d'un côté comme de l'autre que l'autorité doit s'exercer autrement, d'une façon qui permette de s'épanouir à la liberté à laquelle le Christ nous a appelés, dit saint Paul.

La liberté se prend, elle ne se donne pas, mais la liberté chrétienne est à conquérir selon l'esprit de l'Évangile. Les laïcs chrétiens ont appris la liberté de penser leur foi, ils ont commencé à prendre la liberté de parole, ils ont maintenant à acquérir la liberté d'agir au service de l'Église. Il peut paraître plus facile à beaucoup de se laisser conduire gentiment par Monseigneur, de même que bien des fidèles préfèrent se laisser bercer par des rites antiques et incompréhensibles que prendre une part active aux célébrations liturgiques. En ce sens, la liberté s'apprend, s'exerce et prend de la peine, se mérite. Elle prend son temps, mais le temps urge.

À votre avis, quels chantiers seraient prioritaires pour activer le changement ?

Je dirais qu'il y a deux urgences présentes qui changeront ensuite la face de l'Église, deux fossés à combler. Le premier fossé, qui n'est peut-être pas le plus important – mais dans l'état des choses il est capital –, c'est celui qui sépare le langage du Magistère de celui de ses savants. Lorsque le Magistère acceptera le langage de ses savants, déjà il aura évolué ; ça le fera évoluer. Le second fossé est celui qui sépare le clerc du laïc. Il est en train de se combler, même du côté épiscopal. Non seulement le prêtre maintenant est davantage à niveau, mais on voit aussi des évêques se déplacer pour être plus près de leur peuple, aller dans des communautés de base, parler avec des prêtres mariés et recourir à leurs services. Et puisqu'il n'y a jamais deux sans trois, ajoutons un autre vide à combler, d'une brûlante actualité : alors que rien ne marcherait dans beaucoup de nos paroisses sans les femmes, il faudrait cesser de les tenir à l'écart et les inviter à prendre dans l'Église toute la place que la domination masculine a fini par leur concéder dans la société.

Dans toutes ces urgences, l'avancée devra venir à la fois d'en haut et d'en bas. Mais, comme il serait imprudent d'attendre que l'initiative à partager le pouvoir vienne de ceux qui le détiennent, il faudra bien que des initiatives partent d'en bas : que les femmes se montrent moins résignées et moins dociles, les chrétiens laïcs plus revendicateurs et plus entreprenants, et les savants chrétiens moins accommodants avec la hiérarchie, plus nets pour dénoncer les langages qu'il n'est plus permis de tenir, plus empressés à prendre position dans les problèmes concrets qui se posent à l'Église.

Pour rebondir sur votre dernière proposition, comment s'explique la docilité des savants ? Est-ce un problème de formation, ou de contrainte économique ?

Tout cela entre en compte. Il est arrivé que des théologiens ou des exégètes religieux aient eu plus de liberté dans leurs travaux que des prêtres du clergé séculier, ou même plus que des prêtres universitaires qui tiennent leur place de l'évêque – à supposer que les premiers aient eu affaire à un supérieur religieux plus intelligent.

Encore faut-il que les savants catholiques aient suffisamment de connaissances ou au moins d'informations ou de lectures scientifiques sur tout ce qui touche à leurs sujets, ainsi sur les questions bibliques dont on parlait tout à l'heure. Ils avaient pris un certain retard par rapport aux protestants, surtout germaniques, du fait de ne pas être comme ces derniers dans un milieu universitaire et de manquer d'émulation. Mais ils ont largement comblé ce retard depuis un demi-siècle. Reste la gêne du contrôle hiérarchique en ce qui concerne les publications destinées au grand public et l'enseignement donné dans les facultés de théologie et les séminaires.

Le progrès des recherches du savant chrétien exige qu'il ait une foi solide, suffisamment accrochée pour se convaincre qu'elle ne dépend pas uniquement de la science qu'il peut acquérir ni ne risque d'être détruite par la question qu'il soulève, quoiqu'il puisse s'attendre à de sérieuses difficultés sur tel ou tel point de foi. On a connu des collègues qui ont préféré abandonner l'exégèse historique, non parce qu'elle les mettait en conflit avec leur évêque, mais parce qu'ils sentaient qu'elle ébranlait leur foi. D'autres se réfugient dans des exégèses de type littéraire, sémiotique ou narratif, qui ne présentent pas les mêmes difficultés.

Il n'est pas toujours facile d'aller au bout d'une recherche de vérité, en utilisant tous les outils de la science à notre disposition, et de la concilier avec la vérité de la foi, telle qu'elle est énoncée et enseignée par le Magistère. Je connais l'affirmation pieuse et solennelle que la foi n'a rien à craindre de la science, parce que c'est Dieu qui est l'auteur de l'une et de l'autre. Ceux qui se satisfont de cette réponse ne se sont jamais livrés à un vrai travail de recherche touchant à une question de foi. Ils ne se sont non plus jamais demandé où et comment on peut trouver que tel énoncé dogmatique a été révélé ni ce que veut dire le mot révélation. Ils font davantage confiance aux papes et aux conciles qu'à l'Écriture. Leur ignorance de la tradition leur fait trop facilement croire que la pensée de l'Église n'a jamais bougé sur des points importants depuis les temps apostoliques. Une salubre ignorance fait la force de leurs convictions. Mais il y a plus de véritable foi à ressentir des doutes et à les affronter qu'à fuir l'épreuve d'une vérification de type rationnel.

N'a-t-il pas manqué à nos savants catholiques une plus grande circulation de pensée entre eux, et davantage d'échanges avec leurs collègues d'autres confessions chrétiennes, ce qui leur aurait donné plus d'assurance et d'autorité ?

Cela a pu manquer à une certaine époque, par exemple quand les évêques ou les autorités romaines interdisaient dans les séminaires les livres qui venaient d'Allemagne, « infectés » de la nouvelle science germanique. Mais ce genre d'ostracisme a disparu depuis longtemps. La crainte de la diffusion du modernisme au dernier siècle a aussi entravé les échanges et les recherches concertées entre professeurs de séminaires et de facultés catholiques. Il n'en va plus de même depuis le Concile, et les spécialistes de toutes branches ont toutes facilités de se rencontrer dans des colloques avec leurs homologues de toutes confessions chrétiennes (ou religieuses) et de coopérer dans des ateliers de recherche ou dans des revues ouvertes à tous les horizons de la pensée.

Un débat intéressant a été soulevé récemment en Suisse : la théologie qui se fait dans des universités d'État, ouvertes à toutes sortes d'étudiants, peut-elle être confessante ou doit-elle se séculariser ? Peut-elle soutenir des positions de foi ou doit-elle s'en tenir en matière religieuse aux seuls points qui relèvent d'une science neutre ? Ce débat pourrait intervenir dans des facultés catholiques ouvertes à différents publics, surtout si l'on se résignait paresseusement à l'incompatibilité entre la foi et la science. Plusieurs universitaires sont intimement persuadés qu'un croyant attaché à sa foi est incapable d'une vraie recherche de vérité sur tout ce qui y touche. Il serait désastreux de fournir des arguments à cette suspicion. C'est ce qui fait la gravité de la recherche théologique de nos jours.

C'est aussi ce qui fait l'intérêt d'une confrontation permanente entre spécialistes des différentes sciences théologiques, d'un côté, et théologiens et intellectuels de toutes confessions chrétiennes (ou religieuses) et de toutes opinions philosophiques d'autre part. Chacun y apprend à tenir compte des problèmes auxquels s'intéressent les professionnels d'autres disciplines, des critères de vérité et des méthodologies propres aux uns et aux autres, et des questions qu'ils se renvoient d'un bord à l'autre. Les différends religieux s'estompent vite, quand des théologiens de confessions différentes s'attellent ensemble à un même travail, avec le seul souci de faire la vérité sur un point.

J'ai le sentiment à vous écouter qu'il n'y a pas d'obstacle vraiment irrémédiable à l'unité entre chrétiens.

Je n'envisageais ici que des débats théologiques entre théologiens. Ils peuvent, certes, aider à faire l'unité entre les chrétiens. Mais les conflits entre confessions chrétiennes sont plus complexes, parce qu'ils mettent en cause la religion, qui comprend bien d'autres choses que la doctrine : un long passé d'hostilité, une autre sensibilité au divin, une manière différente de lire l'Écriture ou de se référer à une tradition, une autre compréhension de l'Église et de son gouvernement, la piété, la pratique, le culte, etc.

L'essentiel serait qu'on soit d'accord sur l'enseignement de l'Évangile. Un accord assez large existe déjà sur cela, qui est la base de la foi. Les rencontres de prière ou de partage eucharistique qui ont lieu occasionnellement entre des communautés chrétiennes de confessions différentes sont la preuve qu'un mouvement pour l'unité est en marche. L'unité se fera plus vite à la base qu'au niveau des appareils hiérarchiques, qui résisteront longtemps encore à l'établissement d'une véritable intercommunion. Le principal est qu'un sentiment de profonde fraternité s'implante au cœur des chrétiens de toutes confessions. L'idée se répand de plus en plus chez les théologiens que l'unité voulue par le Christ pour son Église n'est pas de type hiérarchique, mais plutôt une communion d'Églises qui vivraient chacune sur un mode de communion. Quand cette idée se sera imposée, la réconciliation entre les Églises sera à moitié faite.

QUATRIÈME JOURNÉE

AU PLEIN VENT DU MONDE

Au plein vent du monde

Le chrétien dans le monde
Éthique, économie, politique
Eschatologie : le Royaume de Dieu
Mais avons-nous besoin de l'Institution ?

Le moment est venu d'approfondir un nouveau champ de réflexion, qui est intimement lié d'ailleurs à tout ce que vous avez pu nous dire jusqu'à présent : il s'agit de la place du chrétien dans le monde, dans l'histoire et dans la société. Si l'on s'en tient aux voix les plus audibles du catholicisme aujourd'hui – celle du pape notamment, mais pas seulement –, on a l'impression d'une morale axée autour des choix de vie privée, de la sexualité notamment, au détriment d'une morale des choix de sociétés. Ce constat appelle une première question : pourquoi la fixation sur la morale sexuelle, quand les défis de l'humanité sont aussi formidables, au sens étymologique du terme ?

Je vais d'abord revenir au sujet général que vous voulez aborder : la place du chrétien dans le monde, dans l'histoire et dans la société. J'ai l'impression que vous posez là la question sur *le spécifique chrétien.*

Si vous aviez ici une assemblée de représentants d'autres religions, de juifs, de musulmans, de bouddhistes, de chamans – s'il y en a encore quelque part – vous demanderiez : « Quels sont vos rites, quelles sont vos croyances, comment vivez-vous dans votre église ou dans votre société religieuse, votre communauté religieuse ? » Vous poseriez la même question à tous. Mais poser la question « Quelle est la place du chrétien dans le monde, dans l'histoire, dans la société ? », c'est le sortir de l'Église, le sortir d'un temple, d'un rite, d'un culte, et c'est lui dire : « Vous êtes chrétien, mais vous êtes homme ; alors en quoi, en tant qu'homme, vivez- vous chrétiennement dans le monde, dans l'histoire, dans la société ? Est-ce que ça va se répercuter ? » Je dis que là vous atteignez le spécifique du christianisme. Ce n'est pas une religion qui est tombée du ciel, c'est une religion incarnée. D'où l'importance de toujours se rattacher à Jésus en tant qu'homme, car, même quand nous le nommons Dieu (ce qui exige une pensée très élaborée), nous le considérons comme celui en qui Dieu s'est lié à l'histoire des hommes. Quand vous m'interrogerez tout à l'heure sur le salut, je vous dirai que le salut chrétien n'est pas à envisager uniquement dans une autre vie, un au-delà ; c'est d'abord ce qui va changer notre manière d'être homme, d'être membre d'une société, d'être citoyen, de faire l'histoire avec d'autres. Et je crois que si nous avons une religion incarnée, si Dieu s'est montré dans l'histoire, ce n'est pas simplement pour retourner nos yeux vers le ciel. Il n'avait qu'à faire une belle démonstration de puissance, comme sur le mont Sinaï quand il est apparu à Moïse, et dire : « Voilà, regardez en haut, c'est là où je vous amène ». Il n'a rien fait de tout ça. Et même quand Jésus est monté au ciel et que les disciples, avec leurs jumelles, le suivaient de loin, un ange vint leur dire : « Regardez sur terre. Retournez à Jérusalem, retournez à vos affaires ».

Voilà, ça c'était pour votre question générale. Et pour vous féliciter d'avoir posé cette question. Venons-en maintenant à la morale sexuelle...

... du moins à la fixation sur la morale sexuelle alors que les défis qui menacent l'humanité sont bien plus larges que cela, bien plus globaux, bien plus profonds.

C'est vrai ce que vous dites. L'Église nous recentre de préférence sur la vie privée, la vie dans l'Église, la pratique des sacrements, la vie considérée comme une anticipation du ciel. C'est pourquoi pendant longtemps on a défini les religieux comme vivant un état de perfection. L'état de perfection, c'est ce qui n'a rien à voir avec le monde, ce qui est orienté vers le ciel. Anticiper la vie du ciel...

La vie privée, oui. Pourquoi ? D'abord je dirais que l'Église n'a pas suffisamment vu comment le baptême fait du chrétien un citoyen du monde d'une certaine espèce, et n'en fait pas uniquement un membre de l'Église. Comme si le salut se faisait là dans l'Église, et pas autrement. Il y a eu un manque d'attention portée à la situation du chrétien dans le monde.

Je dirais peut-être aussi – deuxième raison – que c'est parce que l'Église n'a pas barre sur le monde comme elle a barre sur la vie chrétienne, comprise comme une vie rituelle et sacramentelle. Elle a essayé de l'avoir, mais les souverains (chrétiens) l'ont remise à sa place et n'ont pas accepté le pouvoir indirect que le pape et les évêques voulaient avoir sur les choses temporelles et sur la conduite des royaumes. Il est vrai que petit à petit l'Église a vu son influence réduite à la vie privée des gens, à la vie individuelle. C'est ce qu'on a appelé d'ailleurs la sécularisation.

C'est peut-être pour cela qu'aujourd'hui elle insiste aussi fortement sur la morale sexuelle. Car c'est par la sexualité que l'Église peut le mieux exercer un pouvoir sur la vie privée des gens, outre le fait que les questions sexuelles ont toujours eu un côté sacré dans l'imaginaire religieux. Et bien entendu qu'en ayant la maîtrise de la vie sexuelle, l'Église affermit, c'est sûr, un pouvoir très fort sur la vie de ses fidèles. Et même en lançant des excommunications, elle produit encore un effet de traumatisme sur la société humaine ; on l'a vu tout récemment avec l'affaire de Recife.

Un dernier mot sur cette question. Un historien observait récemment que les papes, à force de revenir sur la morale sexuelle, étaient en train de s'aliéner le monde des femmes, les premières visées et atteintes par leurs condamnations en la matière ; à chaque nouvelle intervention pontificale, on enregistre des défections massives de femmes, et il s'étonnait de cette conduite suicidaire de la part de l'Église catholique, étant donné que beaucoup de paroisses s'écrouleraient si les femmes cessaient d'y déployer leurs activités et de s'intéresser à la formation religieuse de leurs enfants.

Quand donc le Magistère acceptera-t-il que la moralité relève fondamentalement de l'autonomie de la conscience et fera-t-il confiance à la conscience des fidèles ?

On ne saurait envisager la place du chrétien dans le monde, dans l'histoire et dans la société sans envisager dans un même mouvement l'articulation entre le croyant et le citoyen. On voit bien, chez les chrétiens en tout cas, que pour des raisons très diverses, les uns ou les autres vont se sentir parfois obligés de faire passer les exigences de leur foi avant l'exigence de la loi...

... de la loi civile ?

De la loi civile en effet. On le voit dans certains pôles extrêmement conservateurs, pour des questions de morale sexuelle, et on le voit à un autre pôle avec des chrétiens très engagés par exemple en faveur d'une vie digne pour les migrants, et qui vont là encore, au nom de

la défense de la dignité et de la vie même des migrants, entrer en conflit avec la loi civile. Donc, le fait d'être croyant, chrétien ou autre, implique-t-il de donner une forme de primauté à ce que l'on estime être la loi de Dieu sur la loi des hommes ?

Je n'ai pas bien compris ce que vous appelez la loi de Dieu.

Plutôt que « loi de Dieu », parlons alors de ce que le croyant considère comme étant les exigences de ce à quoi il croit.

Ah ! On revient au problème d'Antigone, d'une certaine façon. J'admets que ma foi chrétienne peut m'opposer aux lois de l'État, oui, je l'admets. Au moins pour ce qui concerne ma conduite privée. Nous avons un gouvernement qui tolère le divorce ou l'avortement : je ne dirais pas que ma foi chrétienne m'empêche de reconnaître la légitimité de ce gouvernement, non ! Mais pour ma part, je ne pratiquerai pas l'avortement, je garde l'indissolubilité du mariage, etc. Autrement dit, un chrétien qui dirait : « Je me sens autorisé à faire tout ce que l'État permet », c'est un chrétien qui aurait perdu totalement le sens des valeurs propres au christianisme. Je ne dis pas cela pour condamner formellement les pratiques de l'État, mais j'estime que l'État n'est pas une institution morale, et donc ne porte pas de *lois morales* ; l'État veille à éviter de plus grands maux. Bon, l'État constate qu'il y a des milliers de femmes qui meurent à cause de la pratique d'avortements sauvages, alors il dit : « On autorise l'avortement dans telles limites », et bien moi, en tant que chrétien, je ne me sentirai pas autorisé(e) à avorter parce que l'État le permet, mais peut-être que je me sentirai autorisé(e) à le faire pour d'autres motifs, bien que mon Église l'interdise, parce que, de la part de l'Église, une chose est d'interdire l'avortement – et personne ne lui reproche de l'interdire –, autre chose est de condamner les personnes qui le pratiquent, comme l'a fait l'évêque de Recife récemment ; et c'est là une attitude que l'Église ne sait pas bien tenir pour rester dans la vérité de l'Évangile – de Jésus qui pardonnait à la femme adultère par exemple.

On n'a pas tout à fait épuisé la question parce que si je m'élève, par exemple, contre ce qui se passe dans les centres de rétention, je ne vais pas simplement m'insurger dans mon for intérieur : je vais aller manifester contre ça, avec une référence à l'Évangile...

Alors là vous dites que la foi chrétienne peut vous amener à résister même aux lois ? Oui... Si j'ai une hésitation, c'est que je me demande ce qui va commander d'interdire les commandos anti-avortement ! C'est là où il me manque quelque chose et où je n'ai pas la réponse pour le moment...

Il est vrai qu'en s'appropriant l'Évangile chacun de son côté, on peut en arriver à des conclusions différentes. Ce n'est pas si simple...

D'où l'utilité d'ouvrir un débat ! L'Église ne laisse pas débattre les fidèles entre eux, puisqu'elle a le monopole de l'enseignement. De ce fait même, elle les déresponsabilise. Et d'autre part elle ne veut pas entrer elle-même dans le débat de la société : au nom de son autorité supérieure, elle a la vérité sur tout... Ce n'est pas admissible cette attitude-là ! Mais alors, pour ce qui est de légitimer des actions – disons – contre la loi, je suis réservé en ce moment, car ça pourrait aussi bien légitimer des groupes terroristes, etc. Il faudrait définir dans quel cadre une résistance est permise et dans quelle mesure elle ne le serait pas. J'ai idée qu'on ne peut pas apporter une réponse théorique et universelle. Mais ce seraient certainement des débats à ouvrir dans les communautés chrétiennes, avec d'autres gens qui ne soient pas des chrétiens mais qui partagent les mêmes valeurs, qui en fait sont des valeurs évangéliques, car on ne peut pas *a priori* refuser le droit de résistance à la volonté politique. En prenant garde alors de ne pas ébranler le principe de la volonté générale qui est la base de la démocratie. C'est là où l'on voit qu'il est très nécessaire d'introduire une réflexion politique à l'intérieur de la théologie. Plusieurs de mes amis jésuites se sont formés et travaillent avec compétence dans cette direction ; ce n'est pas mon cas.

En un temps pas si lointain que cela, l'Église a condamné de façon radicale le communisme. Pourquoi ne condamne-t-elle pas avec la même radicalité qu'elle l'a fait pour le communisme l'idéologie contemporaine qui fait de l'économie l'alpha et l'oméga de la vie de la société, avec des incidences terribles et visibles sur la vie individuelle comme sur la vie collective ?

Dans le communisme, l'Église a vu avant tout l'athéisme. Elle n'a peut-être pas su le voir aussi bien dans le nazisme, puisqu'il y a eu des prélats pour souhaiter la victoire d'Hitler sur Staline. Pas tellement – peut-être même pas du tout – parce qu'ils étaient partisans du nazisme, mais parce qu'ils se disaient : « au moins ça va refouler l'athéisme ». C'est la première chose.

Une deuxième chose, c'est que dans la condamnation du communisme, l'Église a voulu venir au secours de la propriété privée. Alors là, il y aurait peut-être beaucoup d'interrogations à se poser. Pourquoi a-t-elle voulu défendre un certain type de société qui permet l'élévation de la richesse sans trop de contrôle ? On peut se demander si elle ne s'est pas laissée un peu trop imprégner par une mentalité capitaliste qu'elle aurait acceptée sans trop s'en rendre compte, ne voyant dans le capitalisme que ce qui défend le mieux la propriété privée.

Se pourrait-il que l'Église se soit attachée à une certaine forme de société qui favoriserait l'enrichissement, aux dépens d'une répartition plus large des biens et des richesses, et des moyens de se les procurer ? Il serait cependant injuste d'oublier les interventions des papes sur les questions sociales depuis la fin du XIXe siècle, qui ont montré l'Église à l'écoute du monde des pauvres et des ouvriers. Les encycliques pontificales ont donné l'impulsion à de nombreuses initiatives, individuelles et collectives, en faveur des travailleurs et des populations défavorisées, et aussi à de nombreuses études sur des questions d'économie, d'organisation du travail et de protection des travailleurs. Tout cela a contribué à changer fortement le visage de l'Église contemporaine.

Des efforts restent certainement à faire pour transposer l'esprit de l'Évangile dans la réglementation des moyens de production et de financement. Mais reconnaissons qu'on ne peut pas tirer de l'Évangile un code du travail ni une théorie de l'économie ni des finances publiques. Il ne serait même pas prudent que les papes veuillent faire la leçon sur des questions aussi techniques aux gouvernants, aux économistes, aux financiers ou aux chefs d'entreprise. On ne peut que s'inspirer de l'esprit de l'Évangile pour aborder ces questions avec le plus de justice et d'équité et le plus grand souci des « petits », des pauvres et de ceux qui souffrent de la dureté de la société. On peut aussi souhaiter que les chefs de l'Église se montrent plus proches des petits que de ceux qui détiennent le pouvoir ou l'argent.

Vous disiez à l'instant que l'Église s'est attachée à la défense de la propriété privée. Cela n'entre-t-il pas en contradiction avec l'idée de « destination universelle des biens », ou d'autres idées similaires qui montreraient la plus grande proximité de la pratique chrétienne avec une pratique communiste – qui n'a peut-être jamais existé dans l'histoire – qu'avec la pratique capitaliste que l'on connaît ?

Peut-être a-t-elle considéré la propriété privée comme une extension de la personne. Auquel cas elle aurait été mue par une pensée personnaliste que je ne vais certainement pas lui reprocher.

Certains, qui voient bien aujourd'hui comment l'esprit de l'Évangile a pu influencer la modernité, pourraient reprocher à l'Église d'avoir favorisé un esprit d'individualisme au détriment d'une vie plus socialisée. Par exemple, la crainte du jugement dernier porterait davantage à se préserver du péché qu'à s'inquiéter du bien commun, ou la recherche de la sainteté pousserait les chrétiens à la fuite des biens terrestres plutôt qu'à l'amélioration des conditions de la vie sur terre pour le plus grand nombre de gens ; davantage de saints se sont illustrés en soulageant les malheureux qu'en créant de nouvelles sources de richesse. On pourrait faire valoir des reproches de ce genre à l'encontre de l'ascèse chrétienne, mais aussi bien de la plupart des religions qui préconisent un salut individuel à acquérir par des moyens purement religieux ou spirituels. D'autres ont loué l'ascèse calviniste d'avoir favorisé, au contraire, l'essor du capitalisme marchand, ou le culte des reliques, longtemps auparavant, d'avoir contribué au développement des marchés. Je m'interroge sur le bien-fondé de ces divers jugements. C'est un fait que le capitalisme a pris naissance dans les pays de chrétienté. Mais le désir d'accumuler des biens pour une jouissance individuelle n'a pas attendu le christianisme pour s'exprimer. Voyez les reproches adressés par les prophètes aux gros propriétaires terriens et aux usuriers.

Je dirais plus platement pour ma part que de nouvelles possibilités de produire ou d'acquérir des richesses apparaissent à certaines époques grâce au développement de la science et des techniques et créent des problèmes éthiques inédits, que les esprits religieux du temps s'efforcent de résoudre bien ou mal sur la base de leur spiritualité propre, sans que le génie de la religion y soit absolument pour quelque chose. Ainsi, vous faites allusion à l'idée de « la destination universelle des choses ». Je ne vois pas à quelle théorie précise vous faites référence. Mais je crois y reconnaître une idée tirée du récit biblique de la création : Dieu a mis tous les biens de la création à la disposition de tous les hommes, ce qui devrait interdire à quelques individus de les accaparer au détriment de tous les autres. C'est, en effet, une juste idée qu'on peut tirer de l'Écriture. Mais elle me paraît plus propre à inspirer une visée altruiste très générale qu'à promouvoir une théorie précise du développement économique, du commerce ou de la réglementation des flux financiers. J'en tirerai cette simple conclusion que le Magistère aurait intérêt à se tenir mieux au courant des sciences politiques et économiques, ainsi qu'il s'y efforce d'ailleurs, pour donner aux fidèles des orientations plus précises sur toutes ces questions.

Dans la mesure où l'on est instruit par des décennies d'histoire, pourquoi ce silence persistant sur la dénonciation de l'idolâtrie de l'argent, caractéristique de la société contemporaine ? D'autant plus que cette idolâtrie de l'argent conduit au saccage de ce que le croyant considère comme la création ; et amène aussi à une

déshumanisation des personnes, considérées uniquement comme des agents économiques rationnels.

L'Église n'a pas de prise sur les questions économiques ou financières. Elle n'a pas de prise non seulement parce qu'elle manque de moyens pour y intervenir, mais aussi parce qu'elle n'a pas les connaissances requises. Je crains fort que l'Église, si elle se prononce dans ce domaine sans prendre position sur les aspects techniques de ces questions, se contente d'émettre des souhaits généreux mais inopérants parce que trop vagues, ou des imprécations qui ne changeront rien à rien parce qu'elles ne viseraient rien de précis. Si, par contre, elle entre dans des propos très techniques, elle trouvera vite des gens compétents ou bien pour lui demander de quoi elle se mêle ou bien pour la contredire avec une égale précision.

Je vous entends susurrer que l'institution vaticane, et bien d'autres institutions ecclésiastiques sont trop compromises avec des puissances d'argent, parce qu'ils y trouvent leur intérêt pour la défense et la prospérité des biens d'Église. C'est bien possible, et je le déplore comme vous. Mais vous devez savoir que beaucoup de catholiques et d'autres chrétiens, qui savent faire honnêtement des critiques pertinentes au capitalisme mondial, à la gestion du commerce international, à la dérégulation des marchés financiers, etc., n'en sont pas moins partisans du maintien du système capitaliste et de la réglementation des marchés par la loi de l'offre et de la demande, ne serait-ce que pour la raison qu'ils ne voient pas par quoi la remplacer. Il faut aussi éviter de diviser les chrétiens sur des questions qu'on ne peut pas trancher par une simple parole de foi.

Vous avez raison de dénoncer les méfaits présents de la mondialisation. Je souhaiterais comme vous entendre une parole percutante et éclairante de l'Église sur ces questions.

Mais pourquoi voulez-vous qu'elle vienne du pape ou d'autres dignitaires ecclésiastiques ? Il ne manque pas de laïcs chrétiens qui ont une compétence reconnue dans les différents domaines que vous évoquez ; c'est à eux qu'il revient d'éclairer les autres chrétiens sur ces questions, de changer les mentalités dominantes, de faire entendre hors de l'Église une parole d'Évangile capable de faire bouger les choses – plusieurs s'y emploient déjà et le font bien. – Oui, me répondrez-vous, mais ils ne parlent pas avec autorité au nom de l'Église. – Là, vous avez raison. Il faut donc travailler – sur ce point comme sur bien d'autres questions évoquées dans nos entretiens – à ce que la hiérarchie catholique accepte que des laïcs responsables et compétents parlent dans l'Église et au monde en son nom et qu'ils le fassent avec autorité.

Dans beaucoup de questions éthiques qui ne peuvent pas être tranchées par une parole d'Écriture, l'Église se rabat volontiers sur ce qu'elle appelle la « loi naturelle » ; elle s'en sert pour fonder les droits de l'individu vis-à-vis de la société, l'organisation du bien commun de la société, la sexualité, etc. Mais qu'est-ce qui lui donne autorité pour dire la loi naturelle, qui évolue d'abord dans le temps et à travers les cultures, et qui relève en second lieu de la raison commune ? C'est une question très grave qui alimente largement le contentieux entre l'Église et le monde : peut-elle faire des lois absolues et définitives dans une matière qui admet de la diversité et du changement, et peut-elle en décider à elle seule sans en débattre avec d'autres instances également intéressées ? La question se pose à propos de beaucoup de débats de société, qu'il s'agisse de bioéthique ou de gouvernance politique, de gestion économique, du commerce mondial, de la régulation des flux financiers ci-dessus évoqués.

Que l'Église apporte son esprit évangélique pour guider

la recherche, dénoncer ce qui est contraire à cet esprit, éveiller et éclairer la conscience des chrétiens, cela est nécessaire. Encore faudrait-il pour cela qu'elle sache associer à sa réflexion des chrétiens et d'autres personnes directement aux prises avec toutes ces réalités, car elle ne peut pas porter une voix solitaire et purement désincarnée. Dans toutes ces questions qui concernent l'avenir de la société, la promotion de l'humanité, l'Église doit humaniser sa voix, c'est-à-dire faire parler ses chrétiens, ceux qui sont directement au contact de ces problèmes, et ne pas faire tomber là-dessus une réponse qui viendrait directement d'un idéal religieux détaché de ces réalités-là. Et nous en revenons à l'importance d'inviter des laïcs à prendre une parole responsable et autorisée, et à l'urgence qu'ils fassent entendre leur voix sur ces questions qui les concernent éminemment.

Le chrétien est amené à une lecture et à un discernement des signes des temps. Comment définir le mal ? Comment discerner les formes contemporaines du mal ? Qu'est-ce que le théologien et en même temps aussi l'homme que vous êtes aurait à dire là-dessus ?

D'abord, qu'appelle-t-on signes des temps ? Ce ne sont pas des choses mystérieuses qui apparaissent dans le ciel. Jésus en donne des exemples très concrets : « Vous savez observer les saisons. Vous savez observer le cours de la lune ». Ça veut dire : « Vous chrétiens, savez-vous observer l'évolution des choses, de la société, des productions, des techniques, de la réglementation du travail, etc. ? ». Voilà déjà ce qui est à observer.

Comment définir le mal ? En première généralité, on peut le définir comme ce qui est contraire à la vie. Partout où une technique engendre la mort, l'esclavage, là est le mal. Et c'est donc là où l'Église devrait intervenir. Je ne dirais pas, par exemple, que le mal absolu c'est de « tuer une vie innocente », comme on dit – je fais allusion à la destruction d'embryons –, c'est d'abord tout ce qui fait mourir les gens : la haine, les guerres, la faim, l'insouciance des organismes responsables, des règlements imbéciles, etc. Combattre le mal consisterait donc à développer la médecine, les soins de santé, l'aide aux malades et aux vieillards, la protection de l'enfance abandonnée, etc. Oui, le mal, c'est tout ce qui empêche la croissance de l'humanité vers le Royaume de Dieu.

Ce que je viens de dire concerne le mal physique. Mais l'important n'est pas de le définir, c'est de combattre, non seulement ce mal lui-même, mais toutes les actions humaines qui le produisent ou y conduisent et de promouvoir toutes celles qui sont propres à en prémunir ou à le soigner. On entre ainsi dans le domaine éthique, et on s'affronte au mal éthique.

Plusieurs philosophes se sont intéressés, parfois en commentant les premiers chapitres de la Genèse, à ce que le dogme appelle « *le péché originel* » et qu'ils ont appelé le mal originaire, fondamental ou radical. Au siècle dernier, Jean Nabert le définissait, dans une ligne hégélienne, comme la « sécession ou division des consciences » : c'est le fait que l'homme prenne conscience de soi en disant « moi » et en s'opposant ainsi au « soi » commun de l'humanité. En langage d'éthique théologique, le mal est l'égoïsme qui provoque le repli de l'individu sur son moi superficiel et qui l'empêche et le détourne d'accomplir son humanité profonde dans l'ouverture aux autres, ce qui, du fait même, s'oppose à l'unification de tous les hommes « à l'image de Dieu » leur créateur.

Dans cette même perspective de rapport au monde, à l'histoire, à la société, est-ce que les notions d'amour et de justice ont un rapport ? Et si oui, comment s'articulent-elles ?

C'est surtout là que l'esprit de l'Évangile intervient. Quand je dis « l'Esprit de l'Évangile », je ne mets pas de côté l'Ancien Testament, où les notions d'amour et de justice tiennent une si grande place.

L'amour tend à l'égalité. Je crois que déjà Aristote le disait. Il est évident que l'amour implique la justice, car il la fait intervenir là où il y a des inégalités flagrantes auxquelles on ne porte pas remède. Si on dit par exemple que des jeunes n'ont pas les moyens d'accéder au travail, à l'instruction, l'amour incite à le dénoncer. Il faut empêcher ou réparer l'injustice avant de donner aux pauvres, aux œuvres, aux ONG, etc. L'amour débusque les injustices. Avant d'être compassionnel, l'amour est juste. Et la justice appelle l'égalité.

L'esprit de l'Évangile me paraît très bien défini par les trois mots bien connus : liberté, égalité, fraternité. Liberté de l'homme vis-à-vis de la société, vis-à-vis du pouvoir, ce qui condamne tous les régimes fascisants. Égalité, égalité des chances mais aussi égalité d'accès aux biens de la nature nécessaires à la vie, et aux biens de la culture nécessaires à la promotion de l'individu ; égalité des sexes dans les droits juridiques et politiques, dans l'accès aux postes dirigeants, dans la rétribution du travail. Tout cela dans un esprit de fraternité qui lui-même doit influencer la manière de commander, de servir et de vivre en société.

Pourrait-on dire que la justice est la manifestation privilégiée de l'amour ? Ou est-ce trop réducteur ?

Je ne dirais peut-être pas « privilégiée », mais « fondamentale ». Le privilège de l'amour serait d'amener quelque chose en surplus. La justice ne me commandera pas de donner la moitié de mes biens aux pauvres. La charité pourra m'en faire une incitation. Et je rappelle la définition que Jésus en a donnée et qu'il a illustrée par sa vie et par sa mort : « Il n'est pas de plus grand amour que de donner sa vie pour ceux qu'on aime ».

La « charité » entendue comme « caritas » ?

Caritas, amor ou *dilectio, eros ou agapè,* comme vous le préférerez, car je n'entre guère dans cette querelle de terminologie. Mais oui, oui, la charité, comme amour fraternel. Et c'est pourquoi la fraternité qui vient en troisième position dans la devise républicaine montre comment cette trilogie doit rester ouverte : la liberté n'a pas d'autre limite que de toujours traiter autrui comme une fin, jamais comme un moyen, et de respecter le bien commun ; l'égalité est toujours à l'affût des discriminations à combattre et des injustices à réparer ; la fraternité ne connaît pas d'exclusivisme dans la définition du prochain ni de mesure dans les services à rendre à ceux qui en ont le plus besoin. On n'a jamais atteint la limite où l'autre sera devenu mon frère.

Pourriez-vous préciser ce dernier point ?

Quand est-ce que je traite l'autre en frère ? Ambitionner de traiter toute autre personne en frère, c'est s'engager à quelque chose d'énorme. Ça ferait dire à quelqu'un qu'on rencontre dans la rue : « Tu n'as pas de lit, prends le mien ». Ça va jusque-là. Sans doute que la prudence ou la tempérance, qui sont aussi des vertus, interviendraient pour limiter ma compassion, et me dire : « Mais non, tu ne peux pas loger dans ta chambre tous les SDF de la ville ». Il n'empêche que la charité devrait laisser aux gens qui ont la charge d'organiser la société une tenace insatisfaction, non seulement de ne pouvoir secourir toutes les misères, mais plus encore de ne pas réussir à supprimer toutes les injustices. Pour ce qui est de la vie privée, je n'ai jamais fini de mettre l'autre vraiment à égalité avec moi, de le traiter absolument en frère, par exemple celui qui n'a pas la même couleur de peau que moi. L'horizon de la charité est ouvert sur l'universel, et son précepte est absolu : aimer tous les hommes comme les enfants de notre Père commun. Jésus a même élargi le précepte à un point inconnu de l'ancienne Loi : « Aimez même vos ennemis comme Dieu les aime ». Car Dieu veut la conversion du pécheur, et non sa mort, nous rappelle-t-il. Voilà ce qu'est l'esprit évangélique, qui toujours va plus loin que le légalisme qui régit les rapports dans une société politique, en se contentant de dénoncer les crimes.

Si l'on revient sur l'exemple des SDF, des rues qui en sont pleines et de l'incapacité où nous serions, même à plusieurs, à les prendre en charge, il est clair que le comportement individuel ne sera pas suffisant. Cela nous met forcément devant la nécessité d'un engagement politique, d'un engagement collectif de société. N'est-ce pas l'un des désarrois dans lesquels nous sommes aujourd'hui : avoir la conscience de tout ce qu'il y aurait à faire pour traiter son prochain en égal et l'impossibilité où l'on est de le faire ? C'est la question immense qui se pose à nous en tant que communauté, en tant que société et pas seulement en tant qu'individus.

C'est exact. C'est pourquoi la charité demande aussi une organisation commune, donc sociale. La charité doit aussi planifier ses efforts ; elle doit descendre dans le domaine concret des organisations de l'État, de l'ONU, d'autres organisations privées. Le même souci organisationnel devrait s'imposer à l'Église et aux communautés chrétiennes, ce qui se fait d'ailleurs dans certaines limites – outre que les chrétiens ne doivent pas se croire obligés de travailler à des objectifs relevant du bien commun uniquement dans des organisations estampillées catholiques. Ambitionner de faire disparaître la misère ou l'injustice est évidemment utopique. C'est une utopie qui doit mobiliser nos énergies pour faire respecter la dignité de tout homme partout où il est possible de le faire, et pour repousser toujours un peu plus la limite du possible.

Le christianisme comporte une dimension eschatologique : l'espérance que l'histoire est orientée vers une fin et que cette fin est placée sous le signe du salut, de la libération, de ce qu'on appelle le Royaume de Dieu. Pourrait-on décliner cette dimension-là à travers un certain nombre de questions ? Et pour commencer, qu'est-ce que le salut, pour celui qui embrasse la voie du Christ ?

Disons d'abord que l'homme a toujours été à la recherche d'un salut. Une chose me frappait ces temps-ci où je cherchais à remonter à l'origine de l'acte de croire, c'est que les hommes sont à la recherche d'un salut depuis les origines de l'humanité. Quel salut ? D'abord l'aide de Dieu (des dieux) pour écarter les dangers de l'existence, parce que la mort rôde partout, que la vie est difficile, que l'homme peut perdre la vie d'un moment à l'autre, que la nature est capricieuse, qu'elle peut anéantir les récoltes ou les troupeaux. Alors l'homme s'adresse aux dieux, aux régisseurs de l'univers, à la divinité détentrice de la vie, pour obtenir le salut dont il a à tout moment besoin pour se maintenir en vie.

Et puis, ce salut a été repoussé vers l'au-delà de la mort. L'humanité n'a pas attendu le christianisme ni le judaïsme pour se préoccuper de cet au-delà. Les sépultures des plus anciennes civilisations attestent le sentiment que la mort ne crée pas un fossé absolument infranchissable entre les vivants et les morts, qu'une certaine communauté de vie continue entre eux, qu'un devoir de solidarité persiste chez les vivants à l'égard de leurs morts – il se traduisait chez plusieurs peuples par de la nourriture mise dans les cercueils. Plus tard, naîtra l'espérance de partager l'immortalité de Dieu, à qui l'homme est apparenté par nature. Cette idée n'est pas née dans le christianisme ni dans le judaïsme ancien, mais au sein de la très rationaliste philosophie grecque – cela en dit long sur l'enracinement en l'homme, dans sa raison, des idées religieuses.

Le christianisme, lui, a eu en propre d'enseigner la foi à la *résurrection des morts* et plus précisément des corps, de la chair. Nous ne savons pas ce que peut être un corps ressuscité, que le dogme qualifie aussi de corps glorieux ou spirituel, pour signifier qu'il aura dépouillé la corruptibilité de tout ce qu'il y a de mortel en lui. Nous savons seulement que nous n'existons pas sans le corps qui est notre lien à l'univers et aux autres, qui fait donc partie de notre identité, de notre histoire, de notre vie. Dire que nous ressuscitons avec notre corps, cela veut dire dans la totalité de l'identité personnelle qui s'est construite dans notre histoire et dans la totalité des liens aux autres et à l'univers qui constituent notre existence historique.

Nous disons que nous ressuscitons en tant que personne. L'Église tient à l'affirmer ; elle garde son personnalisme jusqu'au bout. Elle a raison de le faire, quoiqu'elle ait tendance à individualiser la personne à l'excès, à cause du dogme de la rétribution finale du bien et du mal fait par chacun.

Mais qu'est-ce qu'une personne ? Nous ne le savons pas très bien non plus. Nous savons ce qu'est un individu. Mais une personne ? Disons que c'est un être en relation : nous n'existons pas sans liens aux autres, des liens à travers lesquels nous percevons et habitons l'univers, que nous humanisons, et tous ces liens entrelacés entrent dans la construction de notre personne. Il s'ensuit que chacun vit dans les autres et de ce qu'il en reçoit et pas seulement en soi, de soi et pour soi. Or nous ressusciterons avec tous ces liens-là : voilà qui conduit à une idée de la résurrection plus universaliste qu'individualiste.

Saint Paul a écrit qu'à la fin des temps « Dieu deviendra tout en tout » ; tiens, il lui arrivera donc quelque chose : il habitera tout entier en toutes personnes et dans le tout qu'est l'univers. Puisque ressusciter c'est parvenir à la parfaite ressemblance de Dieu, alors je serai, mon moi sera devenu totalement relationnel. Et puisque mon corps, c'est mon existence dans l'univers, il s'ensuit que l'univers aussi ressuscitera.

On ne définit donc pas le salut chrétien de manière satisfaisante par l'idée de monter au ciel et de vivre à contempler Dieu. Il y aura autre chose à faire, car Dieu lui-même sera occupé à autre chose : à parcourir l'univers pour l'unifier, l'habiter, le spiritualiser, l'aimer. – Et nous serons nous aussi occupés à faire comme lui, à le faire avec lui et en lui, et lui avec nous et en nous. On parle du repos éternel, ce qui n'est pas spécialement alléchant ni stimulant. Je pense que nous entrerons dans un travail éternel : nous deviendrons co-créateurs avec Dieu, co-animateurs de cet univers. Aura-t-il une fin ? Le livre de l'Apocalypse nous promet de nouveaux cieux et une nouvelle terre, d'où la mort, la souffrance, la tristesse, le deuil seront à jamais bannis : donc longue vie à l'univers dont Dieu fera sa demeure d'éternité. L'univers nous a transformés par son évolution incessante ; nous le transformons et le transformerons à notre tour par notre pensée et notre résurrection – ce qu'avait très bien vu le père Teilhard de Chardin.

Ressusciter avec l'univers, ce sera récupérer tout ce qui s'est fait en lui par le travail des hommes. Ce qui mérite de ressusciter, c'est ce qui porte la marque de l'esprit et de la liberté. Notre corps ressuscitera en tout ce que nous produisons de liberté d'esprit, avec tout ce que nous « mettons au monde » ; tout cela vivra en Dieu, et dans le Christ, puisque nous ressuscitons en lui. Le corps du Christ que nous formons par la foi, et où se nouent tous nos liens aux autres et aux choses, c'est la matrice où se fait le nouvel univers.

Nous travaillerons, nous serons dans l'envers, dans l'invisible du monde, liés à tous nos frères de ce monde dont nous partageons la vie, à qui nous donnons de notre vie comme nous recevons de la leur : tel sera le corps de la résurrection universelle, c'est ce que nous appelons la *communion des saints.* C'est cela dont rêvaient les hommes des anciens temps qui enterraient leurs morts près de leurs maisons, avec de la nourriture qu'ils partageaient avec eux, dans l'idée que rien ne peut briser la solidarité de ceux qui ont reçu de la divinité, à travers la nature, le don commun de la même vie qu'ils échangent des uns aux autres. Le christianisme a repris et accompli ce vieux rêve d'universalité, qu'il a reçu du monde païen en s'ouvrant à lui sans exclusive ; il tient de l'incarnation ce lien à l'universel, puisque dans le Christ le Verbe de Dieu s'est uni à l'humanité entière.

Il a aussi reçu des prophètes d'Israël ce que les théologiens appellent *l'eschatologie,* qui est la vision, l'attente des derniers temps. Y a-t-il eu un premier moment du temps, pour qu'il puisse y en avoir un dernier ? On n'en sait rien. Nous savons que notre planète Terre est apparue à un certain moment et qu'elle explosera en un temps déjà fixé par l'évolution du cosmos. L'univers existait avant elle et continuera son expansion longtemps après qu'elle aura disparu. Nous allons vers son terme, ce n'est pas la même chose. Nous travaillons dès maintenant et nous travaillerons, quand nous serons en Dieu, à construire cet univers tel que Dieu le voit et le veut, lui qui seul peut le voir en tant qu'univers et l'avoir pour demeure éternelle.

Peut-on parler aussi d'un salut ici et maintenant ?

Pour moi, il se fait de manière continue. La résurrection est un processus humain et cosmique continu. Nous ressuscitons dès maintenant par l'existence qu'à la fois nous nous donnons et recevons de Dieu dans l'invisible du monde, et non dans un autre monde invisible, par notre charité, notre liberté, notre travail avec les autres ; et ce qui suit la mort sera la continuation de ce travail d'une autre façon, dans l'invisible de l'histoire où nous aurons toujours des moyens d'action non pas magiques mais grâce à la circulation de l'Esprit qui se fait des vivants aux morts. C'est ainsi que je pense ce qu'on appelle l'autre vie, et qui est en réalité l'en deçà et l'au-delà de la vie sur terre, car la vie est une.

L'eschatologie ne consiste donc pas à dire : « Ne vivez pas pour le monde : il a une fin ». Mais plutôt : « Ne vivez pas pour posséder le monde et le dilapider, mais vivez intensément pour en faire un royaume de justice et d'amour, car vous le retrouverez après votre mort tel que vous aurez cherché à le construire pour les autres ; ne vous laissez donc pas absorber par les choses, par l'égoïsme, par l'argent ; commencez dès maintenant à vivre une vie de relation, car telle sera aussi la vraie vie qui vous attend. »

Si nous ne sommes pas capables de vivre en relations maintenant, ce qui revient à donner de notre vie, que sera l'au-delà pour nous. C'est la question de la mort éternelle, que vous m'aviez posée. Elle non plus n'est pas représentable. Peut-être quelque chose comme vivre d'une vie larvaire, arrêtée, d'une ombre de vie, dans la ténèbre, ainsi que l'imaginaient les hommes des anciennes civilisations. Ou revenir au néant, si cela est possible. La vie ne s'entretient que d'être partagée, elle n'est donnée que pour être rendue. Là-dessus se joue l'alternative de la vie éternelle ou de la mort éternelle ; je n'en connais pas de troisième terme.

Vous avez évoqué la chair, l'égoïsme, l'argent, comme autant d'éléments, de forces même, dont chacun serait appelé à se libérer. Comment s'en libérer ?

On ne s'en libère jamais totalement. Tous les hommes sont pécheurs et le restent toujours plus ou moins, mais la grâce de Dieu les aide incessamment à s'en sortir – voilà ce que nous apprend l'Écriture. Qu'est-ce que vivre dans le péché ? C'est vivre dans le mensonge, c'est ne pas aimer la vie, la vraie vie, c'est donc vivre pour la mort.

La vie est un don et, par conséquent, elle nous est donnée pour que nous la donnions à d'autres. On vit en vérité dans la mesure où on se donne ; vivre en plénitude, c'est se donner jusqu'à se perdre : tel est le paradoxe de l'Évangile dont Jésus nous a donné l'enseignement et l'exemple. Dans la mesure où nous vivons recroquevillés sur notre petit moi, cherchant à tout ramener à soi, à posséder le monde à nous seuls, à dominer les autres, dans cette mesure-là nous vivons dans le péché et dans la mort. Voilà de quoi, de quelles tendances tyranniques, de quelles forces mortifères immanentes on a à se libérer tout au long de l'existence. On vit dans la mesure où l'on combat les forces de mort qui nous étreignent. La vie est un combat perpétuel pour la sauver de l'enlisement dans la mort, qui est en gros l'égoïsme, l'illusion de penser qu'on vit plus pleinement quand on ne vit que pour soi.

La liberté nous a été donnée pour nous libérer de l'égoïsme, elle en acquiert la force quand elle s'alimente à celle de Jésus et la prend pour modèle. Il faut libérer le « je » du « moi ». Le moi, c'est la volonté de possession ; et du fait même, notre « je » est écrasé par tout ce dont s'emplit le « moi », qui ne cesse de se gonfler au détriment du « je ». Le « je » ne peut naître, germer, se développer que dans le dépouillement. Il doit se débarrasser de tous les liens qui l'asservissent au « moi », et les remplacer par des liens aux autres, ceux de la charité, de la justice, de la fraternité, qui sont des liens de sujet à sujet.

Cette entreprise est souvent, et pour beaucoup sur la planète, mise entre parenthèses. De quel secours peut être la religion là-dedans ?

Avant que ce soit la religion, je dirais que la meilleure aide de la liberté, c'est la foi, qui est l'acte de sortir de soi, comme l'amour. La foi, c'est l'ouverture sur l'infini qui me fait vivre un peu plus dans l'ouverture, l'ouverture du monde, du moi, de l'être, de ma famille, etc.

La foi me donne de communier à la foi de Jésus et donc me communique son énergie, sa perpétuité. C'est toujours à recommencer, parce que les liens de l'égoïsme repoussent toujours. La foi, c'est l'énergie que la foi du Christ en son Père nous donne pour se dégager de tout ce qui asservit.

Alors la religion nous apporte quoi ? Il n'y a pas de surnaturel pur. Elle permet de s'appuyer sur les autres pour s'émanciper du « moi » et nous fait bénéficier de la communion de la foi avec d'autres. À mon avis, c'est ça la signification du sacrement : il nous met en état de participer à la foi des autres.

Vous pensez à l'eucharistie ?

Je pense avant tout à l'eucharistie dont on ne devrait jamais oublier l'acte fondateur : elle est fondée sur un repas, un partage, sur le partage de ce qu'il y a de plus élémentaire et de plus nécessaire, le pain ; partager son pain avec d'autres, et d'abord avec ceux qui n'en ont pas. C'est le geste fondamental de la fraternité, c'est le sens profond de l'eucharistie.

Quand on dit qu'il faudrait faire l'eucharistie en se retournant vers le mur du fond de l'église, comme au temps où l'autel était presque collé à ce mur et où le prêtre se tenait seul devant lui, tournant le dos aux fidèles, alors on en fait un acte magique. On prétend que c'est se tenir tourné vers Dieu, comme si Dieu n'était pas dans la communauté des fidèles qui font mémoire de son Fils, mort et ressuscité pour nous. Mais non, dans l'eucharistie Dieu est là, Jésus est là ; il passe au milieu de nous ; il nous communique sa force ; et cela se fait dans la sociabilité de l'eucharistie. Les sacrements sont tous des actes de société, il serait bon de se le rappeler. Ils prennent sens dans le corps du Christ que forment ceux qui croient en lui. Si on en était davantage convaincu, cela permettrait de se débarrasser de certains évêques schismatiques d'aujourd'hui qui ont été ordonnés on ne sait pas très bien comment.

Devant l'énormité des difficultés, vous avez répondu que ce qui nous aide, c'est la foi, mais la foi de gens en relation. Comment sommes-nous en relation ? Vous nous avez bien expliqué que nous sommes dans une tradition, liés les uns aux autres et que cette tradition évolue. Il n'empêche que devant les questions qui se posent aujourd'hui, on se sent très seul.

Oui, parce que nous vivons l'Église sous une forme trop institutionnelle qui masque l'aspect relationnel, c'est-à-dire fraternel. Il ne faudrait peut-être pas retomber dans du communautarisme, mais l'Évangile initialement s'est vécu en communauté. L'Évangile s'apprend. Il n'y a pas de formule magique. Et même l'Évangile écrit que nous avons reçu, ce n'est pas la leçon du maître, c'est quelque chose qui nous est donné à repenser, à réinterpréter toujours ensemble. C'est sans doute cela que nous avons besoin de redécouvrir. Redécouvrir, puisque cela a été vécu aux origines. Je crois que ce serait le bienfait de la crise que vit actuellement l'Église, qui est une crise institutionnelle, de permettre de la refonder sur une véritable socialité vécue dans une fraternité. J'entendais ce matin un journaliste évoquer la crise des États de l'Europe de l'Est – on voit certains d'entre eux se désagréger – et qui disait : « C'est peut-être une bonne chose, car c'est peut-être comme ça que va naître l'esprit communautaire ». Je dis la même chose pour ce qui concerne les maux actuels dont souffre l'Église. Il en faudra davantage sans doute pour que l'esprit de communion l'emporte sur le légalisme de l'institution.

Au point où nous en sommes, est-ce qu'on peut s'entendre sur ce que recouvre l'expression de Royaume de Dieu, annoncé par Jésus ?

Jésus ne l'a pas défini. Peut-être faudrait-il admettre que les choses les plus fondamentales ne peuvent pas être enfermées dans des définitions, ni même dans des idées claires. Qu'est-ce que Dieu, pour commencer ? Vous avez une idée claire de Dieu ? Nous disons que nous croyons dans un Dieu personnel. D'abord, on dit qu'il y a trois sujets divins ; après, on dit que ça fait un seul être conscient de son unicité ; c'est compliqué. Savons-nous ce qu'est la nature humaine ? Nous la voyons changer sous nos yeux. Mais revenons à notre propos de tout à l'heure.

Jésus savait-il ce qu'il disait en parlant du « Royaume de Dieu » ? Jusqu'à un certain point, oui. Il était porté par l'esprit des prophètes qui voyaient que le salut ne s'était pas réalisé, que l'alliance avec Dieu n'avait pas pris figure, puisque le peuple juif était toujours captif des nations païennes ; alors, on se tournait vers un avenir meilleur de justice, de paix, de fraternité sous la conduite de Dieu, et c'est çà qu'on appelait le Royaume de Dieu : un nouvel état des choses que Dieu instaurerait quand il viendrait sur terre inaugurer son règne sur Israël et sur les Nations. Voilà ce que Jésus annonçait, sans trop savoir comment cela prendrait figure. D'ailleurs il le désigne comme un futur : il s'approche ; mais aussi comme un présent : il est déjà là ; et alors il le désigne sous une forme sociale : il est au milieu de vous, il vous rassemble déjà.

Ce Royaume de Dieu est-il vraiment venu ? Oui, mais seulement à l'état de germe, d'énergie, de force neuve, d'espérance agissante, d'esprit nouveau semé dans les cœurs. De quoi donc Dieu veut-il faire son Royaume, sinon de ce qu'il a créé, l'humanité et l'univers ? Il ne faut pas oublier l'univers, parce que s'il n'y en a pas, plus rien n'existe, il n'y a plus d'hommes. Donc ce Royaume de Dieu, c'est l'unité de la famille humaine, qui se construit dès maintenant par la force de l'incarnation, par la charité de l'Esprit Saint partout répandu : Jésus a mis le ciel sur terre. Il n'a pas fondé une communauté de renonçants, comme les bouddhistes. Quand Dieu est venu sur terre, ça veut dire que le Royaume de Dieu se fait là. Ça ne sera pas une super-société des nations, non ; je ne veux pas dire non plus que nous le construisons par nos propres forces, mais par la charité que Dieu met en nous, qui nous fait oublier notre petit moi pour penser aux autres. Et donc le Royaume de Dieu, c'est l'unité, la fraternité entre les hommes. Pourquoi imaginer que ce sera un nouveau temple où nous balancerons l'encensoir à la figure de Dieu constamment ? Moi, je préfère penser qu'il va nous mettre au travail dans le monde pour raccommoder les étoiles qui éclatent, enfin faire des choses comme ça ; et puis mettre la paix là où il y a la guerre.

Ce mot « Royaume » peut mal sonner à nos oreilles républicaines ; et quand nous ajoutons « de Dieu », nous devons prendre garde de ne pas lui enlever toute effectivité dans le temps du monde. Le « Royaume de Dieu », c'est un symbole que nous employons pour parler d'un monde meilleur dans lequel nous mettons notre espoir ; nous l'attendons de Dieu, parce que nous savons qu'il y a trop d'égoïsme et de haine dans le cœur des hommes pour y parvenir par nos propres forces, mais cela ne nous empêche pas, ne nous dispense pas de mettre toutes nos forces au service de Dieu pour lui servir d'instruments dans la construction de son Royaume au milieu de nous. Nous croyons donc qu'il se fait là et maintenant, il est là et il vient. Observer les signes des temps, c'est se demander : où se fait-il en ce moment, où peut-il, où doit-il se faire, pour que nous allions y travailler avec Dieu et avec nos frères humains ?

Mais les obstacles sont tellement nombreux ! Comment prendre au sérieux cette idée du Royaume de Dieu sans rompre ou sans entrer en conflit avec le monde ?

Bien sûr, on entre en conflit avec le monde. Qu'est-ce que le monde, si ce n'est la tendance de l'univers à se replier sur lui-même. Le monde, c'est la force d'inertie, c'est la répétition du même, le chacun pour soi, le plus possible de biens et de jouissances pour moi aujourd'hui et tant pis pour les autres et pour ceux qui viendront après nous. C'est ce qui détourne mon regard du pauvre qui est là. C'est ça le monde, l'esprit du monde. C'est de vouloir arrêter l'évolution, et tout canaliser à son profit.

Le combat contre l'esprit du monde durera jusqu'à la fin des temps. Le prologue de l'évangile de Jean montre que la création, à ses débuts, fut la lutte de la lumière contre les ténèbres. Cela n'a pas changé, car la création est un processus ininterrompu. Du fait qu'il y a lumière, il y a aussi ténèbres. La foi, c'est de croire que les ténèbres n'arrêtent pas la lumière. Pourquoi ? Parce que Jésus est venu dans nos ténèbres, et qu'il est la lumière qui luit dans ce monde. Cela veut dire qu'il détruit toutes les forces de mort, les forces de vieillissement, d'inertie, de pesanteur, qui empêchent le monde de se développer, de devenir un univers ouvert.

Alors, oui, la lutte sera de tous les temps. Peut-être que nous verrons mieux, quand nous serons dans l'invisible du monde, le Royaume de Dieu se former malgré tous les obstacles, à travers les décombres du monde. Beaucoup pensent : le Royaume de Dieu, c'est un mot qui à lui seul résume toutes les utopies que les hommes imaginent pour conjurer leurs malheurs. C'est possible. Pour nous, croyants, c'est la foi, c'est l'espérance que, malgré tout ce qu'on voit, Dieu travaille continûment à accomplir dans l'univers son projet créateur, c'est le désir ardent « que sa volonté se fasse sur la terre comme aux cieux », ainsi que Jésus nous a appris à prier. C'est une foi qui se réalimente chaque fois que nous pouvons découvrir ici et là des micro-réalisations du Royaume de Dieu, qui ne se font pas forcément dans notre Église, non ! Quand nous voyons des athées nous donner des leçons de charité, nous devons savoir reconnaître que le Royaume de Dieu est là, qu'il se fait là, et cela ranime notre foi. C'est peut-être de voir cela, de reconnaître cela, et d'en rendre grâce, qui fait aussi venir et s'agrandir le Royaume de Dieu.

Un regard prophétique ?

Le prophétisme n'est pas deviner l'avenir, c'est le voir sortir du passé, et dire : Tiens, il y a du neuf là, il y a de la vie ; la vie est toujours nouveauté ; c'est à cela que je dois travailler.

Vous disiez à l'instant que le spectacle même parfois microscopique ou très circonscrit de l'advenue du Royaume de Dieu était un élément de fortification de la foi. Vous disiez aussi que les sacrements étaient un autre élément d'entretien de la foi. Dans le monde qui est le nôtre, où les injustices sont grandes, les occasions de scandale nombreuses, et la vie dure, est-ce qu'il y a d'autres moyens d'entretenir cette foi qui, chez beaucoup, menace de s'éteindre ? D'autres éléments qui nous permettent de faire de nos engagements dans le monde des chemins de foi ?

Vous pensez à la prière ? La prière, ce n'est pas demander à Dieu d'intervenir pour faire ce que je ne peux pas faire, ou pour en faire davantage. La prière, c'est le silence qui nous permet de nous imprégner de la gratuité de Dieu ; je crois que c'est ça. On ne fait pas intervenir Dieu dans le monde. Dieu n'intervient dans le monde que par la communion des esprits. Il nous fait faire des choses. Il nous fait chercher des choses ensemble. C'est comme ça qu'il intervient dans le monde, pas autrement. La prière, et surtout le silence, qui peut nous donner un peu le regard de Dieu sur le monde et qui nous imprègne de sa gratuité. La gratuité de la vie, la gratuité de l'amour. Et c'est cela qui transforme notre action, notre pensée, notre langage, notre être avec les autres. La gratuité qui nous détache de nos a priori, de nos intérêts, de nos idées toutes faites, et qui, du fait même, en faisant tomber tout cela, ouvre notre regard, nous permet de voir les autres, de les voir en vérité. De les voir autrement que nous les regardons habituellement. Oui, la prière peut nous donner un regard prophétique pour voir ce qui est en train de naître. Et c'est important, cela.

Un jour, des disciples disaient à Jésus : « Nous avons vu un groupe de personnes qui font des miracles en ton nom : ce serait bien de faire tomber le feu du ciel sur eux. » Spontanément, quand on voit quelqu'un faire comme nous, dire la même chose que nous, on se sent frustrés ; c'est de la jalousie mimétique, dirait René Girard. Cette jalousie qui s'empare de nous et nous transforme même en meurtriers, comme le raconte l'histoire de Caïn, jaloux de son frère Abel. Savoir se réjouir du bien qui est fait par d'autres, voilà la prière qui change notre regard, très lentement. Ce n'est pas une conversation imaginaire avec Dieu, c'est de se laisser défaire, désarticuler. On est toujours refermé, dur, replié, tendu ; on a nos vérités, nos évidences. Savoir se détendre, s'ouvrir, écouter les autres, douter de ses évidences, tout cela, c'est la prière qui le fait par le silence où l'on s'imprègne de la gratuité de Dieu, même si c'est dans un vide de pensées. C'est aussi laisser s'acclimater en nous telle parole d'Evangile qui nous fait communier à la pensée de Jésus, des paroles dont on n'a jamais fini d'épuiser le sens – comme le précepte « aimez vos ennemis » –, c'est se pencher sur la blessure d'un homme au bord de la route. La prière c'est cela. On voudrait bien qu'elle agisse tout de suite sur l'esprit des gens ; non, la prière n'a aucun effet magique. Le seul effet qu'elle a, c'est que l'Esprit de Dieu qu'elle met en nous sera communiqué par nos relations avec les autres. Il se transmettra à travers nos paroles, à travers nos nouvelles manières d'agir avec les uns et les autres ; et c'est cela qui doucement fait naître le Royaume de Dieu. Jésus utilisait des images très humbles pour parler du Royaume : un « grain de sénevé », ce n'est pas grand chose. Il ne pensait pas à un temple gigantesque, non, pas même à la coupole du Vatican, c'est beaucoup plus modeste. Le Royaume, c'est ce que j'ai à faire aujourd'hui, maintenant. Et en me disant que j'ai à le faire, la prière me donne la force de le faire. L'esprit de Jésus est en moi et me donne de pouvoir faire au moins un petit peu, faire un pas en avant.

À l'exemple de ces *cercles de silence* qui s'organisent un peu partout autour de l'idée du refus des centres de rétention ?

Quand il y a des problèmes tellement graves qu'on ne sait pas comment les prendre, qu'on a le sentiment de ne rien y pouvoir, la prière, je pense, nous permet de faire un petit quelque chose, ne serait-ce que parce qu'elle nous fait communier à cet état d'impuissance. Alors c'est là qu'on entend la voix qui nous dit : mais si, tu peux faire un petit quelque chose, tu peux changer la situation. Déjà, change ton esprit, change ton regard, change tes habitudes. Et il en résulte quelque chose. On croit à l'efficacité des petites choses, des petits efforts.

En tant que chrétien de confession catholique, j'ai le sentiment que l'institution est aujourd'hui un obstacle. La question que je me pose, et je ne suis pas le seul à me la poser : à quoi sert l'Église ? L'important, c'est de vivre sa foi de la façon la plus authentique possible, de la vivre en communauté. Mais aujourd'hui je ne vois plus vraiment l'intérêt de rester d'une certaine façon solidaire de l'institution vaticane.

Peut-être faudrait-il chercher un moyen d'appartenir à l'Église qui ne soit pas purement institutionnel, qui ne soit pas uniquement l'obéissance à une hiérarchie, disons à une personne, la personne du pape.

L'intérêt de rester en Église, il est double. Il est d'abord de porter un témoignage à l'événement de Jésus. L'institution chrétienne porte le nom de Jésus ; c'est important. Ensuite, c'est un facteur d'universalisme ; ça aussi, c'est important. Déjà, ça nous donne la base d'un départ social, on part en société.

Cela dit, nous savons, nous devons savoir, comme on le disait tout à fait au début, que l'être chrétien ne se résume pas à l'être en Église. Je suis chrétien pour aller au monde, pour répandre l'Évangile dans le monde. Le fait que j'aille au monde à partir de l'Église, ça met tout de même la signature de Jésus sur ce que je vais faire. Est-ce qu'il est important de mettre cette signature du Christ ? C'est important pour donner à des personnes l'idée d'ouvrir l'Évangile et peut-être de se tourner vers le Christ. Si j'aime le Christ, je suis heureux que d'autres le connaissent et l'aiment. Je suis heureux de faire connaître mon attachement au Christ. Ça ne veut pas dire que je vais lui dire tout de suite : venez à l'Église, venez participer aux sacrements de l'Église, hors de l'Église, point de salut. Non, je ne le dirai pas. Mais quand on aime quelqu'un, on aime en parler, partager l'amour, faire partager l'affection qu'on a pour quelqu'un, ou pour telle idée. Vous aimez la ville de Rome, disons plutôt celle de Venise, vous direz : allez donc passer dix jours à Venise, c'est superbe.

Pour nous, l'Église c'est aussi le lieu où nous participons à la vie sacramentelle, essentiellement à la vie eucharistique qui nous redonne de la foi et de l'énergie. Voilà comment je le vois. Mais cela dit, on n'est pas chrétien pour ne travailler qu'en Église. C'est peut-être un peu cela la question maintenant. Alors que l'Église pendant longtemps disait aux fidèles : « votre lieu d'action, c'est le monde » – ce fut le départ de l'Action catholique –, maintenant, on dirait que l'Église d'un côté a voulu replier les chrétiens vers elle ; puisqu'il n'y a plus assez de prêtres, on dit aux chrétiens : il faut d'abord faire vivre l'Église ; donc faites du travail en Église – ah oui, mais à condition de ne pas porter non plus ombrage aux prêtres. L'Église est dans une situation tout à fait ambiguë, contradictoire même, parce qu'elle a besoin du travail des laïcs et qu'elle ne veut pas que les laïcs prennent la place des clercs. Alors, nous avons sans doute, et même sûrement à transformer le mode d'être en Église. Il y aurait un sentiment de facilité ou de lassitude à penser : oh, ça va, moi je vais vivre ma petite vie chrétienne de mon côté, peut-être avec un ou deux amis. Déjà, se dire : avec un ou deux amis, c'est mieux. Avoir en tête l'idée de se regrouper avec des chrétiens comme moi qui en ont marre de l'institution, pour former malgré tout une communauté d'Église, c'est une manière de se retirer sans rompre – comme le rappelait Mgr Pézeril, quand il vivait sa solidarité avec les juifs dans le silence de l'institution et disait : « Nous savions que nous étions l'Église ». Nous sommes aussi l'Église, même si ce qu'on fait n'est pas institutionnel, n'est pas commandé par l'institution, ne se déroule pas sous son label institutionnel.

C'est vrai que l'Évangile promeut la personne, mais il promeut aussi la socialité. Il y a quand même ce correctif à l'individualité pure qu'est la communauté.

Mais que dire à tous ces chrétiens qui, dans le flot des seules paroles que l'on entend du pape et autour du pape, se sentent abandonnés ?

C'est le drame actuel. Beaucoup de chrétiens se sentent seuls et beaucoup émigrent. Les uns en faisant du bruit, les autres sur la pointe des pieds. C'est vrai. Mais ce n'est pas en s'isolant qu'on se sentira moins abandonné. Si on se sent abandonné, l'idée est peut-être déjà là de dire « faisons Église autrement », un peu à côté de l'institution, plus ou moins en lien avec elle. Mais essayons de faire vivre des communautés de chrétiens en-dehors des champs de l'Église, des réunions d'Église ; essayons de le faire à quelques uns, ou de faire quelque chose au nom de Jésus, par exemple pour les immigrés.

Dans son livre « Vers la justice de l'Évangile », Pierre de Charentenay montre ce qu'a été l'enseignement social de l'Église et questionne ce qu'il pourrait être aujourd'hui. Sur les questions de financiarisation de l'économie, il note qu'il n'y a pas de réflexion du magistère alors qu'une réflexion théologique serait nécessaire, et pense que c'est peut-être aux laïcs de s'en emparer.

Je souscris volontiers à ce propos. Dans l'Église, on entend beaucoup la voix des évêques, et encore, ce n'est le plus souvent qu'un écho à celle de Rome. Rarement on entend une voix personnelle, presque jamais celle d'un laïc ou d'une laïque. Si ce n'est quand même dans des revues, comme *Témoignage chrétien, Parvis,* ou *Études* que vous venez de mentionner, et quelques autres, parfois aussi dans un journal, comme *La Croix*. Oui, qu'on entende la voix des catholiques, comme essayent de faire les communautés de base. C'est l'intérêt de *Parvis* de faire connaître ce qui se fait un peu partout à travers la France, de montrer qu'il se fait des choses ici et là, différentes. Pour moi, c'est comme ça que repartira l'Église. Sa figure institutionnelle est en train de craquer. Elle a reçu d'ailleurs récemment des coups très durs. On peut prévoir qu'elle ne continuera pas sous sa forme présente. Comment va-t-elle changer de voie ? Quelles voies nouvelles va-t-elle emprunter ? On ne le sait pas. L'important, c'est que, dès maintenant, sans attendre des élans ou des consignes venus de haut, des chrétiens fassent vivre l'Évangile là où ils sont et se réunissent entre eux pour vivre de l'Évangile. Cela aura un effet de désinstitutionalisation qui permettra à l'institution de se repositionner autrement.

Il est important que prenne figure la liberté chrétienne. On oublie toujours que le Christ nous a appelés à la liberté (Paul aux Galates) – comment donner place à la liberté du sujet, qui n'est pas un esprit de rébellion, mais qui n'est pas seulement la liberté face au péché. Quand Paul parlait de « liberté », il le disait face à l'institution légaliste de la religion juive, aux multiples et minutieux préceptes de la Loi mosaïque et du culte du temple, auxquels s'ajoutaient les traditions des anciens et des rabbis. Mais cette liberté, c'est aux chrétiens de la prendre pour une large part. Le droit canon lui a d'ailleurs donné une certaine base juridique en reconnaissant les associations de laïcs. Mais il n'est pas besoin de se couvrir d'une forme canonique pour se mettre en route.

De quelle aide est la spiritualité ignatienne, que vous pratiquez en tant que jésuite ?

La spiritualité ignatienne, c'est la contemplation de Jésus. Donc, c'est un retour à l'Évangile. Saint Ignace a inauguré une nouvelle manière de prier, qui ne fait pas seulement appel au sentiment et à l'imagination, mais qui nous renvoie à l'action à la suite du Christ et nous rappelle que notre champ de travail, c'est le monde. Dans le livre des *Exercices* d'Ignace, il y a un mot important, le « je » : « se vaincre soi-même » ; « ce que je veux et désire ». Contempler, demander la grâce, réfléchir à ce que je veux retirer de cette contemplation. Il y a donc une position du « je », qui indique : nous avons, j'ai des choses à faire. Pas seulement le « nous » chrétien, mais le « je » – moi qui me suis engagé à la suite de Jésus. Et puis, il y a l'appel à la mission, autre point très important. On n'est pas chrétien simplement en restant sur place, ni en allant à l'église. La mission, c'est l'appel à aller au monde, à parcourir le monde, – un parcours qui peut se faire de bien des façons : à travers des pays étrangers, des cultures différentes, par l'économie, la science, la pédagogie, etc.

Les *Exercices spirituels,* c'est l'école même de la pensée ignatienne. Une fois qu'on les a faits et refaits – mais c'est laissé quand même aux besoins de chacun –, l'esprit des *Exercices* est en nous. En quelque sorte, nous refaisons les *Exercices* chaque fois que nous ouvrons l'Évangile dans l'esprit d'Ignace. Et les *Exercices* supposent d'ordinaire un accompagnement, on ne les fait pas seul ; ça veut dire aussi que pour entrer dans l'esprit des *Exercices,* il faut partager l'Évangile avec d'autres, se stimuler mutuellement.

L'esprit des *Exercices* nous renvoie au travail de la création : il nous faut prendre en main la responsabilité de l'œuvre de Dieu. Cette spiritualité nous rappelle que nous pratiquons une religion incarnée, que la vie chrétienne ne se vit pas dans une pure intériorité. Elle se vit au grand large, dans le grand air du monde.

ÉPILOGUE

Dès notre premier entretien, vous évoquiez un « besoin religieux » qui continue à se manifester, quoiqu'il ait évolué. Considérez-vous un tel « besoin » comme une donnée anthropologique fondamentale ou comme une forme d'infantilisme en quelque sorte, qui indique la difficulté qu'éprouve l'humanité à passer à l'âge adulte et à se responsabiliser sans en appeler à des arrière-mondes ?

Je ne le sais pas de science certaine, je n'ai pas la réponse. On le verra à la fin, si l'idée religieuse se maintient et se fortifie autrement, ou si elle est évacuée. Qu'est-ce qu'il restera du christianisme à la fin de ce siècle, je ne sais pas, je ne peux pas vous le dire. Je n'oublie pas non plus que parler de la crise de l'Église, c'est une abstraction, il faut vraiment parler d'une crise générale de la civilisation. Et qu'est-ce qui va en ressortir ? Que va-t-on garder de notre civilisation humaniste, je n'en sais rien non plus. Alors, moi, comment dire, je tâche de garder ma foi en Dieu, au Dieu révélé en Jésus-Christ, je tiens à la garder en faisant – ou plutôt en laissant – évoluer les représentations religieuses le plus loin possible, c'est-à-dire de manière à ce que je puisse toujours penser la foi chrétienne avec un esprit d'homme du XXIe siècle, garder une foi capable d'embrasser les enjeux de toute l'humanité. Voilà comment j'essaie de penser ma foi.

Alors est-ce que je serai réduit un jour à dire que tout ce qu'il me reste de foi, c'est un reste d'infantilisme, je ne peux pas l'exclure ! Je vois des chrétiens, des théologiens qui ont évolué comme cela, et qui ont décidé de franchir le pas, de rejeter complètement l'habit d'enfance qu'ils avaient continué à porter et qui, un jour, leur est devenu insupportable ! Alors je ne sais pas ! Est-ce cela qui m'arrivera ? Tout ce que je peux dire, c'est que moi, j'ai conscience, cependant, de devoir défendre ma foi contre la tentation de dire : « Oui, ce n'est qu'un reste de l'infantilisme, ça me vient de l'arrière-fond de l'humanité du deuxième millénaire avant notre ère », à laquelle je faisais allusion il y a quelque temps. Oui, je dois m'en défendre et, ce faisant, je dégage ma foi de toutes ses représentations infantiles, je consens à croire dangereusement, c'est-à-dire même à mettre un peu en danger ma foi, tout en sentant que c'est ma foi elle-même qui me demande cette évolution. Car si je devais me persuader que je ne crois au Christ que par ce qu'il me reste de la croyance païenne des anciens temps, alors je devrais être conséquent, même vis-à-vis de ce que j'avais de foi, et dire : « J'y renonce ! » Mais du même coup, qu'est-ce qui me restera comme espérance... ? *(silence)*.

Je vous dis cela pour répondre honnêtement à votre question, sans prétention ni provocation. Mais n'allez pas croire que je vis dans une foi tremblotante ; questionnante oui, mais lucide et décidée, car la foi est essentiellement acte et engagement, et confiance. D'ailleurs, je ne pense pas que la croyance des anciens temps, dès qu'elle s'inscrit dans l'histoire, soit de l'infantilisme ; je la tiens au contraire pour une démarche rationnelle de l'humanité en quête du sens et en réponse à l'appel de Dieu.

Pour le moment, je dirais que j'ai un critère de vérité, c'est que ma foi m'aide à vivre, à penser. Elle ne me retranche pas – évidemment parce que je la laisse évoluer – de la société avec laquelle je vis ; je reste solidaire de l'humanité, même en crise. Pour le moment, ma foi me donne la conviction que, tant que je la garderai et que je pourrai même la répandre, du moins sous la forme de l'humanisme évangélique, eh bien c'est là où je suis le plus utilement solidaire de la société, et où j'aide l'humanité à évoluer vers un destin véritablement humaniste, et non pas vers un destin de barbarie qu'on voit poindre, et qui est même parfois ouvertement dénoncé dans des journaux qui ne sont pas du tout des journaux chrétiens ! Je voudrais pouvoir dire que la cause de Dieu, c'est la cause de l'homme. Et je voudrais dire cela sans obliger quiconque à croire en Dieu, sans dire : « Vous qui ne croyez pas, vous êtes des dangers publics ! » Mais du jour où ma foi ne serait plus, mettons, que le désir d'une vie après la mort, alors là je la laisserais sans doute s'effondrer... Je n'ai pas envie de me faire un petit coin de paradis pour moi tout seul, ou avec quelques-uns, quelques gens du passé dont les trois-quarts de l'humanité seraient exclus. À cet égard, si je prône un humanisme évangélique, c'est dans le désir que toute l'humanité trouve son salut, je ne dirais même pas dans une autre vie mais dans un prolongement de la vie au-delà d'elle-même, c'est-à-dire dans cette source infinie qui maintient l'humanité en vie et en pensée...

En guise de conclusion, j'aimerais que nous tournions nos pensées vers tous ces croyants de confession chrétienne qui – pour des raisons diverses – se déploient « hors Église ». Qu'auriez-vous à leur dire ?

Je dirais que la foi se nourrit de se communiquer, de s'entretenir – il y a un *entre-tien* – et que, à cet égard, les croyants qui voudraient vivre en solitaires risquent fort de ne pas rester croyants longtemps, et risquent également de ne pas avoir le même impact autour d'eux s'ils veulent *rayonner* leur foi dans la société. C'est en ce sens que la foi réclame une certaine forme sociétale.

Peut-être faudrait-il distinguer d'ailleurs dans le cas de l'Église à venir – j'aurais assez tendance à le faire – deux sortes de formes sociétales : l'une qui serait beaucoup plus libre, beaucoup plus axée sur l'Évangile, plus autonome, et l'autre qui serait plus ritualiste, plus instituée. C'est un peu comme cela que je verrais le renouveau de l'Église : le maintien d'une hiérarchie et d'un sacerdoce ministériel – ou ministère presbytéral, peu importe – parallèlement à des groupes, des communautés de chrétiens indépendantes, quoique contrôlées, agréées, reconnues par l'évêque, mais se gérant elles-mêmes et se nourrissant avant tout d'Évangile ; faisant aussi quelques célébrations, oui, cela serait à voir, mais on pourrait concevoir des célébrations eucharistiques privées, « domestiques » – comme il y en avait aux premiers siècles –, qui seraient différentes de celles qui se feraient dans une église et dont les ministres seraient des prêtres consacrés. C'est une chose à envisager... Ce sont des points que je propose non comme des solutions arrêtées, mais pour qu'on y réfléchisse, car il ne faut rien exclure au point de départ si on veut faire démarrer des choses.

TABLE DES MATIÈRES

Déjà paru aux Éditions du Temps Présent

Christiane Taubira, *Égalité pour les exclus. Le politique face à l'histoire et à la mémoire coloniales*, 2009.

Martine Sevegrand, *Temps Présent. Une aventure chrétienne. Tome 1 : l'hebdomadaire 1937-1947*, 2006.

Dans la collection « Racines & Ruptures »

Olivier Bobineau, *Les formes élémentaires de l'engagement. Une anthropologie du sens*, 2010.

Edgar Morin, *Pour et contre Marx*, 2010.

Sylvain Gouguenheim, *La réforme grégorienne. De la lutte pour le sacré à la sécularisation du monde*, 2009.

Dans la collection « Semeurs d'Avenir »

Cécile Renouard, *Michaël Walzer ou l'art libéral du civisme*, 2010.

Cet ouvrage a été achevé d'imprimer
par la Nouvelle Imprimerie Laballery
à Clamecy en février 2012

Dépôt légal : janvier 2012
N° d'impression : 201291
Imprimé en France